竞技武术套路动作库

国家体育总局武术运动管理中心 审定

太极拳

人民体育出版社

图书在版编目（CIP）数据

太极拳 / 国家体育总局武术运动管理中心审定. --北京：人民体育出版社，2023
（竞技武术套路动作库）
ISBN 978-7-5009-6338-7

Ⅰ.①太… Ⅱ.①国… Ⅲ.①太极拳—套路(武术) Ⅳ.①G852.111.9

中国国家版本馆CIP数据核字(2023)第127827号

＊

人民体育出版社出版发行
北京新华印刷有限公司印刷
新 华 书 店 经 销

＊

710×1000　16开本　12.5印张　157千字
2023年9月第1版　2023年9月第1次印刷
印数：1—3,000册

＊

ISBN 978-7-5009-6338-7
定价：48.00元

社址：北京市东城区体育馆路8号（天坛公园东门）
电话：67151482（发行部）　　邮编：100061
传真：67151483　　　　　　　邮购：67118491
网址：www.psphpress.com

（购买本社图书，如遇有缺损页可与邮购部联系）

编 委 会

主　　任　陈恩堂

副 主 任　徐翔鸿　杨战旗　陈　冲

总 主 编　陈恩堂

副总主编　樊　义　李英奎

主编

王晓娜（长拳）　　　　　王　怡　刘海波（刀术）
范燕美　冯静坤（剑术）　崔景辉　于宏举（棍术）
解乒乓　张继东（枪术）　李朝旭　黄建刚（南拳）
魏丹彤（南刀）　　　　　黄建刚　李朝旭（南棍）
李　强　周　斌（太极拳）吴雅楠　吕福祥（太极剑）

编委（以姓氏笔画为序）

于宏举	马　群	王二平	王世龙	王　怡
王晓娜	王　菊	方　坚	田　勇	冉千鑫
代流通	冯宏芳	冯静坤	匡　芬	吕福祥
刘志华	刘思伊	刘海波	孙新锋	李有华
李英奎	李艳君	李淑红	李朝旭	李　强
杨战旗	吴杰龙	吴贤举	吴雅楠	何　强
沈剑英	宋　林	张继东	陈　冲	陈恩堂
陈燕萍	范燕美	金肖冰	周　斌	房莹莹
赵　勇	袁新东	徐卫伟	徐翔鸿	黄建刚
曹　政	崔景辉	梁国德	童　昊	虞泽民
解乒乓	樊　义	魏丹彤		

动作示范（以姓氏笔画为序）

王子文	巨文馨	吕泰东	刘忠鑫	汤　露
孙培原	杜洪杰	李剑鸣	杨顺洪	张雅玲
张　黎	陈洲理	查苏生	姚　洋	常志昭
梁永达	童　心			

为武术更加灿烂的明天
——总结经典 传承经典 创造经典

陈恩堂

竞技武术套路动作库从立项到推出，历时3年有余，历经艰辛探究，今日终于得以付梓，令人欣喜万分。我谨代表国家体育总局武术运动管理中心、武术研究院、中国武术协会，对竞技武术套路动作库出版成书表示热烈的祝贺！

中华武术源远流长，博大精深，是中华民族优秀传统文化的瑰宝。古往今来，在武术发展的历史长河中，产生了许多独具特色的拳种流派，涌现了许多身怀绝技的武林高手，流传着许多让人津津乐道的传奇故事。历代的武术先辈们给我们留下了丰厚的武术遗产。作为新时代的武术人，把这份丰厚的武术遗产继承好、发展好，是我们义不容辞的责任。

把武术先辈们留下的丰厚武术遗产继承好、发展好，首先就是要对其进行系统地总结，在总结的基础上加以传承，在传承的过程中进行创新。竞技武术套路动作库，正是遵循这样的思路，总结经典，传承经典，创造经典。

——总结经典。竞技武术套路动作库，当前共收录具有源流和传统名称的武术经典动作1941式,分为长拳、刀术、棍术、剑术、枪术、南拳、南刀、南棍、太极拳、太极剑共10个子库,如字典汇编,毫分缕析,系统总结了长拳、南拳、太极拳三大拳种的经典动作,规范了技术方法,确定了技术标准,突出武术技击本质,展示武术攻防内涵。每一个经典动作都有源流出处,都具有传统名称,不仅符合人民群众对武术古往今来的认知,更是彰显了中华传统文化符号的经典魅力,充分体现了中华文化自信。

——传承经典。竞技武术套路动作库,通过总结经典,实现武术经典动作的标准化和规范化,本身就是对武术历史经典的传承。这些标准化、规范化的经典动作,既可供武术专业运动员在比赛中选用,让运动员的整套动作演练更具可比性,更加符合现代奥林匹克运动的特征,同时,也适合广大武术爱好者尤其是青少年朋友学习掌握,将专业和业余打通,普及和提高一体。通过竞技武术套路动作库,每一个武术习练者、爱好者都会成为武术经典的传承者,武术文化的传播者。

——创造经典。竞技武术套路动作库,不仅是在总结经典、传承经典,也在创造经典。人民群众有无限的创造力。人民群众在历史上创造了武术的经典,今后也必将继续创造武术新的经典。当前收录的1941个武术经典动作只是动作库的首期工程,今后每年都会更新,进行动态调整。创新动作经过中国武术协会审定通过后,将会成为竞技武术套路动作库的一部分,这充分体现了对中华优秀传统文化的创造性转化、创新性发展。

竞技武术套路动作库的推出,是武术运动科学化、标准化的又一重要标志，是武术运动发展史上具有里程碑意义的大事，凝结了全体武术人的智慧和汗水。在此，我谨以国家体育总局武术运动管理中心、武术研究院、中国武术协会的名义，向所有为竞技武术套路动作库付出不懈努力的武术前辈、专家、运动员、教练员、裁判员和工作人员们表示衷心的感谢！向所有关心支持武术事业改革发展的各界人士表示衷心的感谢！

国运兴则体育兴，国运兴则武术兴。在中华民族伟大复兴的新征程上，作为中华民族传统体育项目和优秀传统文化的代表，武术必将在体育强国、文化强国和健康中国建设中发挥着独特作用。竞技武术套路动作库，是武术发展的新的起点，为武术在更高水平的传承和繁荣开辟了新的道路，为武术进一步现代化、国际化奠定了重要基础，为武术走向奥林匹克大舞台迈出了坚实步伐。我们相信，以此作为新的起点，通过全体武术人的团结奋斗，武术的魅力将更加显现，武术的未来将更加美好！

2023年7月1日

（作者为国家体育总局武术运动管理中心主任、党委书记，国家体育总局武术研究院院长，中国武术协会主席）

CONTENTS / 目录

1
步型 / 1

1.1 弓步 / 1
1.2 马步 / 49
1.3 仆步 / 54
1.4 虚步 / 60
1.5 歇步 / 89
1.6 独立步 / 90
1.7 偏马步 / 103
1.8 平行步 / 116
1.9 横开步 / 124
1.10 丁步 / 128

2
步法 / 129

2.1 进步 / 129
2.2 退步 / 131
2.3 上步 / 138
2.4 跟步 / 140
2.5 侧行步 / 158
2.6 跳步 / 161
2.7 踏步 / 163
2.8 跳踏步 / 164
2.9 叉步 / 167
2.10 跳插步 / 169

3
腿法 / 170

3.1 直摆 / 170
3.2 屈伸 / 171
3.3 击响 / 174
3.4 其他 / 182

4
平衡 / 183

5
跳跃 / 186

5.1 直体 / 186
5.2 垂转 / 188

1 步型

1.1 弓步

弓步 001

传统术语：野马分鬃（陈式）。

现代术语：野马分鬃。

源流：陈式一路八十三式太极拳第五十式。

技法：採、挒、靠。

动作过程：（1）重心移至右腿，左腿屈膝提起，以脚跟内侧向左前方贴地铲出成左弓步；同时，右手微外展，指尖向右前上方，掌心向外；左手向左前上方穿出，指尖同鼻高；目视左手。

（2）与（1）动作相同，唯左、右方向相反。

动作要点：身体自然中正；上下肢协调一致；力达掌根。

注：本书所有动作起始均为双腿与肩同宽，屈膝半蹲。

弓步 002

传统术语：野马分鬃（杨式）。

现代术语：野马分鬃。

源流：杨式八十五式太极拳第四十九式。

技法：採、挒。

动作过程：（1）重心右移，左腿屈膝提起向前落步；同时，左掌向右下方划弧抱于腹前，指尖向右，掌心向上；右掌微下落，指尖向左，掌心向下；目视右前方。

（2）重心前移成左弓步；同时，左掌向前分举，掌心斜向内，高与肩平；右掌按于右胯外侧，掌心向下；目视左前方。

（3）（4）分别与（1）（2）动作相同，唯左、右方向相反。

动作要点：身体自然中正；上下肢协调一致；力达掌根。

弓步 003

传统术语：野马分鬃（吴式）。

现代术语：野马分鬃。

源流：吴式八十四式太极拳第四十七式。

技法：採、挒、靠。

动作过程：（1）重心右移，左腿屈膝提起向左前方落步；右掌收至左肩处，掌心向左；左掌落至右腿上方，掌心向上；目视左前方。

（2）重心前移成左弓步；同时，左掌由下向上分出，掌心向上；右掌从左肩前落下至右胯旁，掌心向下；目视右下方。

（3）（4）分别与（1）（2）动作相同，唯左、右方向相反。

动作要点：身体自然中正；上下肢协调一致；力达掌根。

弓步 004

传统术语：野马分鬃（孙式）。

现代术语：野马分鬃。

源流：孙式九十七式太极拳第五十六式。

技法：採、劈。

动作过程：（1）重心右移，左腿屈膝提起向左前方落步；同时，左手向下划弧至腹前，指尖向右，掌心向下；右手举至身体右侧，指尖向上，掌心向右，右腕高与肩平；目视右手。

（2）重心前移成左弓步；同时，左手划弧至左前方，指尖向上，掌心斜向右，左腕高与肩平；右手同上不动；目视左手。

（3）（4）分别与（1）（2）动作相同，唯左、右方向相反。

动作要点：身体自然中正；上下肢协调一致；力达掌根。

弓步005

传统术语：单鞭（杨式）。

现代术语：单鞭。

源流：杨式八十五式太极拳第四式。

技法：刁、劈。

动作过程：（1）身体右转，右脚脚尖外撇；同时，双手掌心向下平抹至身体右侧，右掌成勾手，勾尖向下，左掌置于右臂内侧，掌心斜向上；目视右侧方。

（2）身体左转，左腿屈膝提起向前落步，重心前移成左弓步；同时，左掌由右向左划弧至前方，指尖向上，掌心斜向前；右勾手不变；目视前方。

动作要点： 以腰为轴，上下协调一致；力达掌根。

弓步006

传统术语：单鞭（武式）。

现代术语：单鞭。

源流：武式九十六式太极拳第四式。

技法：推。

动作过程：左腿屈膝提起向前落步，重心前移成左弓步；同时，左手立掌坐腕向前推出，掌心向右，指尖向上；右手向右伸展，肘微屈，掌心向下，指尖向右；目视左掌。

动作要点：动作连贯，一气呵成；力达掌根。

弓步 007

传统术语：指裆捶（陈式）。

现代术语：指裆捶。

源流：陈式一路八十三式太极拳第七十三式。

技法：冲。

动作过程：（1）左脚提起，以脚跟内侧向左贴地铲出；同时，右掌变拳划弧收于胸前，拳眼向外；左手划弧置于左肩前，掌心向上；目视左手。

（2）身体微左转，重心移至左腿成左弓步；同时，右拳向左前下方冲出，臂微屈，拳心斜向下；左手收于左腹前，掌心轻贴腹部；目视右拳。

动作要点：身体自然中正；上下肢协调一致；力达拳面。

弓步008

传统术语：指裆捶（杨式）。

现代术语：指裆捶。

源流：杨式八十五式太极拳第七十四式。

技法：冲。

动作过程：（1）左腿屈膝提起向前落步；同时，右掌变拳划弧运至右腰间，拳眼向上；左掌由左向前划弧平抹至右腹前，掌心向下，指尖向前；目视前方。

（2）重心前移成左弓步；同时，左掌向左划弧搂至左膝外侧，掌心向下，指尖向前；右拳向前下方冲出，拳眼向上；目视前下方。

动作要点：上体自然中正，冲拳和弓步协调一致；力达拳面。

弓步009

传统术语：指裆捶（吴式）。

现代术语：指裆捶。

源流：吴式八十四式太极拳第七十式。

技法：冲。

动作过程：（1）左腿屈膝提起向前落步；同时，左手搂至左膝前上方；右手提至右耳侧，掌心向左；目视前方。
（2）重心前移成左弓步；同时，右手变拳向前下方打出，拳眼向上，臂微屈，拳与腹高；左手置于右前臂内侧；目视前方。

动作要点：上体自然中正，上下肢协调一致；力达拳面。

弓步010

传统术语：指裆捶（武式）。

现代术语：指裆捶。

源流：武式九十六式太极拳第八十六式。

技法：崩。

动作过程： 左腿屈膝提起向前落步，重心前移成左弓步；同时，左手向左下方划弧搂至左膝外侧，掌心向下；右手握拳向前下方发力击出，拳同腹高，拳眼向左；目视前下方。

动作要点： 上体自然中正，上下肢协调一致；力达拳面。

弓步 011

传统术语：搂膝拗步（杨式）。

现代术语：搂膝拗步。

源流：杨式八十五式太极拳第九式。

技法：搂、推。

动作过程：（1）左腿屈膝提起向前落步；同时，右掌由下向上划弧运至右耳侧方，掌心斜向下；左掌由下向右上划弧运至右胸前，掌心斜向后；目视右后方。

（2）重心前移成左弓步；同时，左掌向下、向左划弧搂至左膝外侧，掌心向下，指尖向前；右掌由右耳侧向前推出，掌心向前，指尖向上；目视前方。

（3）（4）与（1）（2）动作相同，唯左、右方向相反。

动作要点：弓步、搂掌与推掌协调一致；力达掌根。

弓步 012

传统术语：搂膝拗步（吴式）。

现代术语：搂膝拗步。

源流：吴式八十四式太极拳第七式。

技法：搂、推。

动作过程：（1）左腿屈膝提起向左前方落步；同时，右掌提至右耳侧方，掌心向内；左掌向左划弧运至左膝上方，掌心向下；目视前方。

（2）重心前移成左弓步；同时，左掌搂至左膝外侧，掌心向下，指尖向前；右掌向前推出，腕与肩平，掌心斜向前，指尖斜向上；目视右手。

（3）（4）分别与（1）（2）动作相同，唯左、右方向相反。

动作要点：动作连贯，协调一致；力达掌根。

弓步013

传统术语：搂膝拗步（武式）。

现代术语：搂膝拗步。

源流：武式九十六式太极拳第七式。

技法：搂、推。

动作过程：（1）右腿屈膝提起向前落步，重心前移成右弓步；同时，左手立掌坐腕向前推出，指尖向上，掌心向右；右手向右划弧搂至右膝外侧，掌心向下；目视前方。

（2）与（1）动作相同，唯左、右方向相反。

动作要点：动作连贯，协调一致；力达掌根。

弓步 014

传统术语：撇身捶（杨式）。

现代术语：撇身捶。

源流：杨式八十五式太极拳第二十四式。

技法：劈。

动作过程：右腿屈膝提起向右前方落步，重心前移成右弓步；同时，右手握拳向下翻转再向前撇打，拳眼向右，高与肩平；左掌向右划弧上举附于右前臂内侧，掌心斜向下，指尖向前；目视前方。

动作要点：上体自然中正，上下肢协调一致；力达前臂外侧。

弓步 015

传统术语：撇身捶（四十二式）。
现代术语：撇身捶。
源流：四十二式太极拳竞赛套路第七式。
技法：劈。

动作过程：左腿屈膝提起向左前方落步，重心前移成左弓步；同时，左手握拳向下翻转再向前撇打，拳眼向左，高与头平；右手向上、向体前划弧，附于左前臂内侧，掌心向下；目视左拳。

动作要点：上体自然中正，上下肢协调一致；力达前臂外侧。

弓步 016

传统术语：白蛇吐芯（陈式）。

现代术语：白蛇吐芯。

源流：陈式二路七十一式太极拳第二十七式。

技法：插。

动作过程：（1）左腿屈膝提起向前落步；同时，右掌向右、向下划弧落至右腰侧，掌心翻转向上；左掌向右、向下划弧至右肋前，掌心向下；目视前方。

（2）重心前移成左弓步；同时，右掌向前穿出，指尖向前，掌心斜向上；左掌向下、向左划弧至左胯旁，指尖向前，掌心向下；目视前方。

动作要点：身体自然中正，手脚协调一致；力达指尖。

弓步 017

传统术语：白蛇吐芯（杨式）。

现代术语：白蛇吐芯。

源流：杨式八十五式太极拳第六十六式。

技法：推。

动作过程：（1）右腿屈膝提起向右前方落步；同时，右掌变拳向下划弧运至左肋旁，屈肘横臂，拳眼向内；左掌向上、向右划弧运至右前臂上方，掌心向下；目视前方。

（2）重心前移成右弓步；同时，右拳变掌向右前、向下划弧收至右腰侧，掌心向上，指尖向前；左掌向前推出，掌心向前，指尖向上；目视前方。

动作要点：身体自然中正，弓步与推掌协调一致；力达掌根。

弓步 018

传统术语：双峰贯耳（杨式）。

现代术语：双峰贯耳。

源流：杨式八十五式太极拳第四十一式。

技法：勾击。

动作过程：（1）右腿屈膝提起向前落步；同时，双掌翻转掌心向上，置于腹前，双臂稍屈；目视前方。

（2）重心前移成右弓步；同时，双掌变拳由两侧划弧向前贯击，拳眼相对，高与耳平，双臂均成半圆形；目视前方。

动作要点：身体自然中正，弓步与贯拳协调一致；力达拳眼。

弓步 019

传统术语：双峰贯耳（吴式）。

现代术语：双峰贯耳。

源流：吴式八十四式太极拳第三十八式。

技法：勾击。

动作过程：右腿屈膝提起向前落步，重心前移成右弓步；同时，双掌变拳由两侧划弧向前贯击，拳眼相对，高与耳平，双臂均成半圆形；目视前方。

动作要点：身体自然中正，弓步与贯拳协调一致；力达拳面。

弓步 020

传统术语：弯弓射虎（杨式）。

现代术语：弯弓射虎。

源流：杨式八十五式太极拳第八十一式。

技法：架、冲。

动作过程：右腿屈膝提起向右前方落步，重心前移成右弓步；同时，右掌变拳向下、向右划弧架于头部右上方，拳眼向内；左拳向下、向右划弧由胸前向左前方打出，拳眼斜向上；目视左前方。

动作要点：身体自然中正，双臂呈半圆形；力达拳面。

弓步 021

传统术语：弯弓射虎（吴式）。

现代术语：弯弓射虎。

源流：吴式八十四式太极拳第七十八式。

技法：架、冲。

动作过程：（1）右腿屈膝提起向右前方落步；同时，右手变拳提至右肩前，拳心向下；左手变拳提至右胸前，拳心斜向下；目视右前方。

（2）重心前移成右弓步；同时，左拳向前、向左划弧再向前打出，拳眼向上；右拳架于头部右侧，拳眼向下；目视左前方。

动作要点：上下协调一致，动作连贯；力达拳面。

弓步 022

传统术语：玉女穿梭（杨式）。

现代术语：玉女穿梭。

源流：杨式八十五式太极拳第五十二式。

技法：架、推。

动作过程：（1）左腿屈膝提起向左前方落步，重心前移成左弓步；同时，左掌向左划弧上架至头部左上方，掌心翻转向上，指尖斜向上；右掌由上向下、向前推举，掌心向前，指尖向上；目视左前方。

（2）与（1）动作相同，唯左、右方向相反。

动作要点：上体自然中正，前推动作与弓步协调一致；力达掌根。

弓步023

传统术语：玉女穿梭（吴式）。

现代术语：玉女穿梭。

源流：吴式八十四式太极拳第四十八式。

技法：架、推。

动作过程：（1）左腿屈膝提起向左前方落步；同时，左掌向左、向上划弧架至头部上方，掌心斜向上；右掌附于左腕处，随划弧收至右肋旁，掌心向上。

（2）重心前移成左弓步；同时，右掌向前推出，腕同肩高，掌心斜向上；左掌动作不变；目视右手。

（3）（4）分别与（1）（2）动作相同，唯左、右方向相反。

动作要点：转身时保持立身中正之势；力达掌根。

弓步 024

传统术语：搬拦捶（杨式）。

现代术语：搬拦捶。

源流：杨式八十五式太极拳第十二式。

技法：冲。

动作过程：（1）右腿屈膝提起向前落步；同时，右掌变拳向下、向内、向上划弧向前搬出，拳眼向右；左掌向前、向下划弧移至右前臂内侧，掌心向右，指尖向上；目视前方。

（2）重心移至右腿，左腿屈膝提起向前落步，重心前移成左弓步；同时，右拳先收回腰侧再向前打出，拳眼向上；左掌先向前推出再置于右肘内侧，掌心向右，指尖向上；目视前方。

动作要点：上体自然中正，手法和步法随腰转动，协调一致；力达拳面。

弓步 025

传统术语：搬拦捶（吴式）。

现代术语：搬拦捶。

源流：吴式八十四式太极拳第九式。

技法：冲。

动作过程：（1）左腿屈膝提起向前落步；同时，双掌相对由右向左划弧，左掌置于胸前，右掌落至右腰间；目视左掌。

（2）重心前移成左弓步；同时，右掌变拳向前打出，拳与胸同高，拳眼向上；左手附于右前臂内侧，掌心向右；目视右拳。

动作要点：上下相随，协调一致；力达拳面。

弓步 026

传统术语：搬拦捶（武式）。

现代术语：搬拦捶。

源流：武式九十六式太极拳第十一式。

技法：冲。

动作过程：（1）右腿屈膝提起向前落步，重心移至右腿；同时，右手握拳向前搬出，拳眼向右；左手向前推出，掌心斜向下；目视左手前方。

（2）左腿屈膝提起向前落步，重心前移成左弓步；同时，左手变拳拦带，拳眼向右后方；右拳向前冲出至左前臂上，拳眼向左；目视前方。

动作要点：上下相随，协调一致；力达拳面。

弓步 027
传统术语：搬拦捶（四十二式）。
现代术语：搬拦捶。
源流：四十二式太极拳竞赛套路第九式。
技法：冲。

动作过程：（1）右腿屈膝提起向前落步；同时，左臂屈于胸前，掌心向下，随即左掌按至左胯旁；右掌变拳向下划弧收于腹前后再向上、向前搬出，拳心向上，高与胸平；目视右拳。
（2）右脚脚尖外撇，重心前移，上体右转，左腿屈膝提起向前落步，重心前移成左弓步；同时，右拳先向右划弧至右腰侧再向前打出，拳眼转向上，高与胸平；左掌先向右划弧至体前再收于右前臂内侧，掌心向右；目视右拳。

动作要点：上体自然中正，手法和步法随腰转动，协调一致；力达拳面。

弓步 028

传统术语：揽雀尾（杨式）。

现代术语：揽雀尾。

源流：杨式八十五式太极拳三式。

技法：掤、捋、挤、按。

动作过程：（1）左腿屈膝提起向前落步，重心前移成左弓步，随即身体左转；同时，左掌向前掤出，高与肩平，掌心向内；右掌置于左前臂下方，掌心向下；目视前方。

（2）左臂微伸，掌心翻转向下，指尖向前；右掌外旋转腕置于左前臂下，掌心向上，指尖向前。随即双掌向右弧形捋至胸前，双臂弯曲，左掌举于胸前，掌心向内，右掌附于左前臂内侧，掌心向外；目视前方。

（3）双掌以左前臂外侧为力点向前挤出，右掌附于左前臂内侧，高与胸平；目视前方。

（4）右掌沿左掌背划弧向前、向右平抹；左掌向前伸出后翻转掌心向下，双臂与胸同高。随即双掌回收于胸前再向前推出，掌心向前，指尖向上，双臂微屈，两肘下垂；目视前方。

动作要点：以腰为轴，双臂运行圆活自如，弓腿协调一致；力达掌根。

弓步 029

传统术语：揽雀尾（吴式）。

现代术语：揽雀尾。

源流：吴式八十四式太极拳第三式。

技法：掤、捋、挤、按。

动作过程：（1）右腿屈膝提起，脚跟落地成右虚步；同时，双手向内合于胸前，左手拇指和食指附于右前臂处，右手掌心向内；目视右手。

（2）重心前移成右弓步；同时，左手立掌附于右腕处向前挤出，食指与鼻尖同高；目视前方。

（3）重心后移，右脚尖翘起；同时，右手向右、向下划弧收至右胯旁，掌心向下；左手附于右腕处随右手划弧收至右胯旁，掌心向上；目视右手。

（4）重心前移成右弓步；同时，右掌向左前方穿出，掌心向上；左手拇指和食指附于右前臂处，掌心向下；目视右手。

（5）重心移至左腿，右脚脚尖勾起，内扣着地；同时，右手向右划弧屈肘经右耳侧向胸口推按，掌心向左前方；左手附于右腕处，掌心向内；目视右手。

动作要点： 动作连贯，上下相随，协调一致；力达掌根。

弓步 030

传统术语：掩手肱捶（陈式）。

现代术语：掩手肱捶。

源流：陈式太极拳竞赛套路第十二式。

技法：冲。

动作过程：（1）右腿屈膝提起；同时，右臂屈肘，右掌变拳收至腹前，拳面斜向下；左臂屈肘，左掌与右拳在胸前相合，左掌附于右前臂上；目视前下方。

（2）右脚踏地震脚，左腿屈膝提起向左前方铲出；同时，右拳变掌，双手分别向两侧弧形分开，掌心向外；目视左前方。

（3）右臂屈肘，右掌变拳收于胸前，拳眼向外；左手向左划弧置于左肩前，掌心向上，拇指和食指伸直，其余三指弯曲；目视左手。

（4）右脚蹬地，重心前移成左弓步；同时，左手收于左肋侧，掌心向内；右拳向前冲出，拳同肩高，拳面向前；目视右拳。

动作要点：双手在胸前相合与震脚协调一致；力达拳面。

弓步 031

传统术语：掩手肱捶（陈式）。

现代术语：掩手肱捶。

源流：陈式二路七十一式太极拳第十七式。

技法：冲。

动作过程：（1）左腿屈膝提起向左前方铲出；同时，双手分别向两侧弧形分开，掌心向外；目视左前方。

（2）右臂屈肘，右掌变拳收于胸前，拳眼向外；左手向左划弧置于左肩前，掌心向上，拇指和食指伸直，其余三指弯曲；目视左手。

（3）右脚蹬地，重心前移成左弓步；同时，左手收于左肋侧，掌心向内；右拳向前冲出，拳同肩高，拳面向前；目视右拳。

动作要点：上下肢协调一致；力达拳面。

弓步 032

传统术语：掩手肱捶（陈式）。

现代术语：掩手肱捶。

源流：陈式二路七十一式太极拳第三十一式。

技法：冲。

动作过程：（1）左腿屈膝提起向左前方铲出；同时，双手合于腹前，左手在上，右手在下，掌心均向下；目视前方。

（2）右掌变拳，由内向外鞭拳打出，腕与肩平，拳眼向上；左手收于左肋侧，掌心向下；目视右拳。

（3）右拳向外划弧收于右肋侧，拳面向前；左手向外划弧置于胸前，掌心向上，拇指和食指伸直，其余三指弯曲；目视左手。

（4）重心前移成左弓步；同时，右拳向前冲出，拳面向前；左手收于左肋侧，掌心向内；目视右拳。

动作要点： 双手在胸前相合与震脚协调一致；力达拳面。

弓步 033

传统术语：击地捶（陈式）。

现代术语：击地捶。

源流：陈式一路八十三式太极拳第三十七式。

技法：冲。

动作过程：（1）右脚向前落步；同时，左拳向右划弧至右肩前，拳同肩高，拳眼向外；右拳落至右腰间，拳眼向外；目视左拳。

（2）与（1）动作相同，唯左、右方向相反。

（3）右腿屈膝提起向前落步，重心前移成右弓步；同时，右拳上提至头右侧，拳面斜向下；左拳下栽，拳面向下；目视左拳。

动作要点：上下肢协调一致；力达拳面。

弓步 034

传统术语：抱头推山（陈式）。

现代术语：抱头推山。

源流：陈式一路八十三式太极拳第四十四式。

技法：推。

动作过程：（1）右腿屈膝提起向右前方落步；同时，双掌分别向两侧划弧收至两耳旁，掌心向内；目视左前方。

（2）重心前移成右弓步；同时，双掌向右下方推出，掌心均向外；目视前方。

动作要点：上体自然中正，上下肢协调一致；力达掌根。

弓步 035

传统术语：小擒打（陈式）。

现代术语：小擒打。

源流：陈式一路八十三式太极拳第四十三式。

技法：推。

动作过程：（1）右脚向左脚前方盖步；同时，双手翻转横捯至胸前，左手掌心向上，指尖向前，右手掌心向下，指尖向前。

（2）左腿屈膝提起向前落步，重心前移成左弓步；同时，右掌下落于右肋旁；左掌由前向右、向上划弧屈肘上举至右额前方。随即双掌向前推出，左掌掌心向外，右掌掌心微向左；目视前方。

动作要点：上体自然中正，上下肢协调一致；力达掌根。

弓步 036

传统术语：指裆（陈式）。

现代术语：指裆。

源流：陈式老架二路太极拳第十式。

技法：崩。

动作过程：右腿屈膝提起，随即下落踏地震脚，左腿再屈膝提起向左前方落步，重心前移成左弓步；同时，左手向左、向下，右手向右、向上划弧至腹前交叉后，左拳以拳背向下劈打，右拳向右上方弹出；目视左下方。

动作要点：下打、上弹同时进行；力达拳面。

弓步037

传统术语：三换掌（陈式）。

现代术语：三换掌。

源流：陈式一路八十三式太极拳第四十五式。

技法：切。

动作过程：（1）身体右转，右腿屈膝提起向右前方落步，重心前移；同时，左手翻掌，掌心向上；右手屈肘内收至左臂内侧，掌心向上；目视右前方。

（2）身体左转；同时，右掌横掌推出，掌心向下；左掌收至胸前，掌心向上；目视右前方。

（3）身体右转；同时，左掌横掌推出，掌心向下；右掌收至胸前，掌心向上；目视左前方。

（4）身体左转，重心前移成右弓步；同时，右掌横掌发力推出，掌心向下；左掌收至胸前，掌心向右上方；目视右前方。

动作要点： 动作连贯，上下相随，协调一致；力达掌根。

弓步 038

传统术语：闪通臂（杨式）。

现代术语：闪通臂。

源流：杨式八十五式太极拳第二十三式。

技法：架、推。

动作过程：左腿屈膝提起向前落步，重心前移成左弓步；同时，右掌举于右额前上方，掌心向外，臂呈半圆；左掌向前推举，臂微屈，掌心向前，指尖向上；目视前方。

动作要点：上体自然中正，推掌、架掌和弓步动作协调一致；力达掌根。

弓步 039

传统术语：斜飞式（杨式）。

现代术语：斜飞式。

源流：杨式八十四式太极拳第十八式。

技法：採、挒。

动作过程：右腿屈膝提起向右前方落步，重心前移成右弓步；同时，右掌向右上方划弧分举，右臂伸直，掌心向上，指尖向右前上方；左掌向左下按于左胯外侧，掌心向下，指尖向前；目视右手。

动作要点：右掌向右前方挒出时，由腰而肩、而肘、而手，节节贯串挒出；力达掌根。

弓步 040

传统术语：打虎式（杨式）。

现代术语：打虎式。

源流：杨式八十五式太极拳第三十八式。

技法：冲。

动作过程：（1）左脚向后撤步，重心移至左腿，成左弓步；同时，左掌变拳向下、向左划弧架于头部左上方；右掌变拳向左划弧至左肋前；拳眼相对；目视左前方。

（2）与（1）动作相同，唯左、右方向相反。

动作要点：转身落步轻灵稳健，落步、架拳和弓步协调一致；力达拳面。

弓步 041

传统术语：抱虎归山（吴式）。

现代术语：抱虎推山。

源流：吴式八十四式太极拳第十二式。

技法：搂、推。

动作过程：左腿屈膝提起向左前方落步，重心前移成左弓步；同时，左掌搂至左胯旁，掌心向下，指尖向前；右掌提至耳侧后向前推出，掌心向前，指尖斜向上；目视右掌。

动作要点：上体自然中正，上下肢协调一致；力达掌根。

弓步 042

传统术语：搂膝栽捶（吴式）。

现代术语：搂膝栽捶。

源流：吴式四十五式太极拳第三十二式。

技法：搂、冲。

动作过程： 右腿屈膝提起向右前方落步，重心前移成右弓步；同时，左掌变拳提至右耳侧向前下方打出，拳与腹同高，拳眼斜向上；右手划弧附于左前臂内侧；目视左拳。

动作要点： 上体自然中正，上下肢协调一致；力达拳面。

弓步 043

传统术语：迎面掌（吴式）。

现代术语：扑面掌。

源流：吴式八十四式太极拳第六十八式。

技法：推。

动作过程：（1）右腿屈膝提起向前落步；同时，左手置于胸前，掌心向上；右手屈肘收于右肋旁，掌心向上；目视前方。
（2）重心前移成右弓步；同时，右手向前推出，掌心向斜向左，指尖斜向上，腕与肩平；左手屈肘收至右肘下，掌心向上，指尖向右；目视右手。

动作要点：上下协调一致，动作连贯；力达掌根。

弓步 044

传统术语：倒卷肱（吴式）。

现代术语：倒卷肱。

源流：吴式八十四式太极拳第十六式。

技法：提、按、推。

动作过程：（1）右腿屈膝提起悬于左小腿内侧；同时，左手按于腹前，掌心向下；右掌收于右耳侧，掌心向内，指尖向前；目视前方。

（2）右脚向后落步成左弓步；同时，左手搂至左膝外侧，掌心向下，指尖向前；右手向前推出，掌心向前，指尖斜向上，腕与肩平；目视右手。

（3）（4）分别与（1）（2）动作相同，唯左、右方向相反。

动作要点：上下协调一致，动作连贯；力达掌根。

弓步045

传统术语：践步栽捶（孙式）。

现代术语：搂膝栽捶。

源流：孙式九十七式太极拳第四十一式。

技法：冲。

动作过程：（1）右腿屈膝提起向前落步，重心移至右腿；同时，左手经右手下方穿出；右手收至左肘内侧；目视左手。

（2）左腿屈膝提起向前落步；同时，左手按至左胯旁，掌心向下；右手向右分举，高与肩平，掌心向上。

（3）重心前移成左弓步；同时，左手握拳按至左胯旁，拳眼向内；右手握拳下击，拳眼向左，拳面向下；目视右手。

动作要点：动作连贯协调，眼随手动；力达拳面。

弓步 046

传统术语：抱虎推山（武式）。

现代术语：抱虎推山。

源流：武式九十六式太极拳第十三式。

技法：推。

动作过程：左腿屈膝提起向前落步，重心前移成左弓步；同时，左手翻腕置于腹前，指尖向右，掌心向上；同时，右手立掌坐腕向前推出，指尖向上，掌心向左；目视前方。

动作要点：上体自然中正，上下肢协调一致；力达掌根。

弓步 047

传统术语：青龙出水（武式）。

现代术语：青龙出水。

源流：武式九十六式太极拳第二十八式。

技法：插。

动作过程：（1）左腿屈膝提起向前落步，重心前移成左弓步；同时，左手向前穿出，指尖向前，掌心向下；右手向后收至腹前，掌心斜向下。

（2）重心后移；同时，左手收至胸前，指尖向前，掌心向右；右手上提至耳侧，指尖向前，掌心向左。

（3）重心前移成左弓步；同时，双手向前穿出，指尖向前，掌心相对；目视前方。

（4）左脚尖外撇踏实；同时，右手收至胸前，指尖向前，掌心向左；左手上提至耳侧，指尖向前，掌心向右。

（5）右腿屈膝提起向前落步，重心前移成右弓步；同时，双手向前穿出，指尖向前，掌心相对；目视前方。

动作要点：转身带臂协调一致，弓步与左右穿掌协调一致；力达掌根。

弓步 048

传统术语：捋挤势（四十二式）。

现代术语：捋挤势。

源流：四十二式太极拳竞赛套路第八式。

技法：捋、挤。

动作过程：（1）身体右转；同时，双掌向右平抹下捋至腹前，右掌掌心斜向下，左掌掌心斜向上。

（2）右腿屈膝提起向右前方落步，重心前移成右弓步；同时，双掌翻转屈臂上举于胸前向前挤出，左掌附于右腕内侧，掌心向外，指尖斜向上，右掌掌心向内，指尖向左，高与肩平；目视前方。

动作要点：动作连贯，协调一致；力达前臂外侧。

1.2 马步

马步 001

传统术语：穿心肘（陈式）。

现代术语：穿心肘。

源流：陈式二路七十一式太极拳第六十六式。

技法：肘。

动作过程：右脚向右侧落步成马步；同时，左拳护胸，拳眼向外；右肘逆时针划弧向右侧顶击，拳眼向内；目视右肘。

动作要点：动作连贯，上下协调一致；力达肘尖。

马步 002

传统术语：裹鞭炮（陈式）。

现代术语：裹鞭炮。

源流：陈式二路七十一式太极拳第三十三式。

技法：崩。

动作过程：左脚向左落步成马步；同时，双臂交叉合于腹前，双拳向左右两膝上方分击，拳背向下；目视前方。

动作要点：双拳松握制动；力达拳背。

马步003

传统术语：顺鸾肘（陈式）。

现代术语：顺鸾肘。

源流：陈式二路七十一式太极拳第六十五式。

技法：肘。

动作过程：右脚向右落步成马步；同时，双掌交叉合于胸前，随即双掌变拳屈肘向两侧后下方顶击，拳面向前；目视前方。

动作要点：顶肘发力短促；力达肘尖。

马步 004

传统术语：单鞭（吴式）。

现代术语：单鞭。

源流：吴式八十四式太极拳第四式。

技法：刁、劈。

动作过程：（1）右腿屈膝提起向后落步；同时，左手向左平捋成勾手，勾尖斜向下；右手附于左腕处，掌心向内；目视左手。

（2）重心右移成马步；右手向右翻掌推出，掌心向外，指尖斜向上；左手不变；目视前方。

动作要点：动作连贯，协调一致；力达掌根。

马步 005

传统术语：闪通背（吴式）。

现代术语：闪通背。

源流：吴式八十四式太极拳第二十二式。

技法：架、推。

动作过程：（1）右腿屈膝提起向右前方落步；同时，左臂平举，掌心向右，指尖向前；右掌收至左胸前，掌心向左，指尖向上；目视前方。

（2）重心右移成马步；同时，左手架至左额上方，掌心斜向上；右手向右推出，掌心向右，指尖斜向上；目视右手。

动作要点：动作连贯，协调一致；力达掌根。

1.3 仆步

仆步 001

传统术语：雀地龙（陈式）。
现代术语：雀地龙。
源　　流：陈式一路八十三式太极拳第七十七式。
技　　法：冲。

动作过程：（1）左脚震脚；同时，左拳向下、向右、向前划弧至腹前，拳眼向前；右臂屈肘，右拳置于左胸前，拳眼斜向上。
　　　　　　（2）右脚向右落步成右仆步；同时，左拳向上、向左划弧举至左肩前上方，拳面向上；右拳向前穿出，拳面向前；目视右拳。
动作要点：上体保持直立；力达拳面。

仆步 002
传统术语：伏虎式（陈式）。
现代术语：伏虎式。
源流：陈式二路七十一式太极拳第四十一式。
技法：冲。

动作过程：右脚向后落步，重心移至右腿成左仆步；同时，左手握拳向右、向下划弧至腹前，拳眼向前；右拳向右划弧由下向上举至头顶上方，拳面向上；目视前方。
动作要点：上体保持直立；力达拳面。

仆步 003

传统术语：下势（杨式）。

现代术语：下势。

源流：杨式八十五式太极拳第五十七式。

技法：穿。

动作过程：左脚向左落步，重心左移成右仆步；同时，左手提至左后方变勾手，勾尖向下；右掌屈肘向上、向内划弧经胸前向下，由右腿内侧前穿，掌心向左，指尖向前；目视前方。

动作要点：上体直立；力达指尖。

仆步 004

传统术语：下势（吴式）。

现代术语：下势。

源流：吴式八十四式太极拳第五十三式。

技法：穿。

动作过程：（1）右脚向后落步；同时，双臂前平举，指尖向前，掌心相对，与肩同高；目视前方。

（2）右腿屈膝下蹲成左仆步；右手掌心翻转向外，双手向右划弧平抹，随即双手掌心相对向下由左腿内侧前穿，指尖向前；目视左手。

动作要点：上体直立；力达指尖。

仆步 005

传统术语：下势（武式）。
现代术语：下势。
源流：武式九十六式太极拳第三十二式。
技法：按。

动作过程：右脚向右落步成右仆步；同时，双掌交叉向左右分出下按，掌心向下，左掌同肩平，右掌同腹高；目视右手。
动作要点：动作协调一致；力达掌根。

仆步 006

传统术语：下势（四十二式）。

现代术语：下势。

源流：四十二式太极拳竞赛套路第三十五式。

技法：穿。

动作过程：左脚向左落步，重心左移成右仆步；同时，左手提至左后方变勾手，勾尖向下；右掌向左划弧经左臂内侧向下，由右腿内侧前穿，掌心向左，指尖向前；目视右手。

动作要点：上体直立；力达指尖。

1.4 虚步

虚步 001

传统术语：白鹤亮翅（陈式）。

现代术语：白鹤亮翅。

源流：陈式一路八十三式太极拳第七式。

技法：靠。

动作过程：右脚提起向前落步，左脚收至右脚内侧成虚步；同时，左手向左下划弧落至左胯旁，指尖斜向前，掌心向下；右手向右上划弧至右额上方，指尖斜向上，掌心向外；目视前方。

动作要点：上下肢协调一致；力达掌根。

虚步 002

传统术语：白鹤亮翅（杨式）。

现代术语：白鹤亮翅。

源流：杨式八十五式太极拳第六式。

技法：捋、挤、靠。

动作过程：右脚向后撤步成左虚步；同时，右手向右、向上划弧举至右额上方，掌心向外，指尖斜向上；左手向左、向下划弧至左胯外侧，掌心向下，指尖向前；目视前方。

动作要点：动作协调一致；力达掌根。

虚步 003

传统术语：白鹤亮翅（四十二式）。

现代术语：白鹤亮翅。

源流：四十二式太极拳竞赛套路第五式。

技法：捋、挤、靠。

动作过程：右脚向后撤步成左虚步；同时，右手由下向上划弧举至右额上方，掌心向左，指尖向上；左手按至左胯外侧，掌心向下，指尖向前；目视前方。

动作要点：动作协调一致；力达掌根。

虚步 004

传统术语：上步七星（陈式）。

现代术语：上步七星。

源流：陈式太极拳体系。

技法：冲。

动作过程：左腿屈膝提起向前落步成左虚步；同时，右拳上冲至胸前，拳面向左上方；左拳上冲至右前臂外侧，拳面向右上方，双拳搭于胸前；目视双拳。

动作要点：搭腕和左脚落步协调一致；力达拳面。

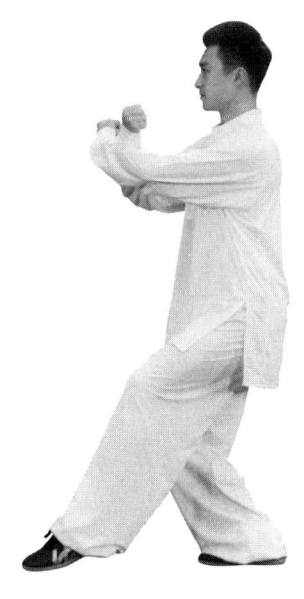

1 步型

虚步 005

传统术语：上步七星（杨式）。

现代术语：上步七星。

源流：杨式八十五式太极拳第七十八式。

技法：掤。

动作过程：右腿屈膝提起向前落步成右虚步；同时，双掌变拳向前划弧举至胸前交叉成十字拳，右拳在外，左拳在内，双拳拳眼向内；目视前方。

动作要点：搭腕和右脚落步协调一致；力达拳面。

虚步 006

传统术语：上步七星（吴式）。

现代术语：上步七星。

源流：吴式八十四式太极拳第七十四式。

技法：掤。

动作过程：右腿屈膝提起向前落步成右虚步；同时，左手上举至胸前，右手穿至左腕外侧，双手在胸前交叉搭腕，掌心斜向外，指尖斜向上；目视前方。

动作要点：搭腕和右脚落步协调一致；力达拳面。

虚步 007

传统术语：高探马（陈式）。

现代术语：高探马。

源流：陈式一路八十三式太极拳第三十二式。

技法：推。

动作过程：左脚后撤至右脚内侧成虚步；同时，左掌划弧收至腹前，指尖向前，掌心向下；右掌经耳侧向前推出成立掌，指尖斜向上，掌心向前；目视前方。

动作要点：动作协调一致；力达掌根。

虚步008

传统术语：高探马（杨式）。

现代术语：高探马。

源流：杨式八十五式太极拳第三十式。

技法：採。

动作过程：左腿屈膝提起向前落步成左虚步；同时，右掌经右耳侧向前探出，掌心向下，指尖向左；左掌翻转收至腹前，掌心向上，指尖向右；目视前方。

动作要点：身体自然中正；动作协调一致；力达掌根。

虚步009

传统术语：高探马（吴式）。

现代术语：高探马。

源流：吴式太极拳体系。

技法：採。

动作过程：右腿屈膝提起向前落步成右虚步；同时，左手经右手上方向前推出，指尖斜向上，掌心向前；右手收至腹前，掌心向上，指尖斜向前；目视前方。

动作要点：身体自然中正；动作协调一致；力达掌根。

虚步 010

传统术语：退步跨虎（杨式）。

现代术语：退步跨虎。

源流：杨式八十五式太极拳第七十九式。

技法：分。

动作过程：右脚向后撤步成左虚步；同时，双手向下、向两侧划弧分开，右掌举至右额斜上方，掌心向前，指尖斜向左，左掌置于左胯外侧，掌心向下，指尖向前；目视前方。

动作要点：两掌外撑；动作协调一致；力达掌根。

虚步 011

传统术语：退步跨虎（武式）。

现代术语：退步跨虎。

源流：武式太极拳体系。

技法：格。

动作过程：右脚向后撤步成左虚步；同时，左掌向前穿出后变拳向右、向下、向左划弧置于左胯旁，拳眼向右；右掌变拳向下、向右、向上划弧至右额斜前方，拳眼向后；目视前方。

动作要点：动作协调一致；力达拳背。

虚步 012

传统术语：手挥琵琶（杨式）。

现代术语：手挥琵琶。

源流：杨式八十五式太极拳第十式。

技法：採、合。

动作过程：右脚向后撤步成左虚步；同时，左掌提至胸前，掌心向右，指尖向上；右掌合至左臂内侧，掌心向左，指尖斜向上；目视前方。

动作要点：动作协调一致；力达掌根。

虚步 013

传统术语：手挥琵琶（孙式）。

现代术语：手挥琵琶。

源流：孙式九十七式太极拳第七十一式。

技法：穿。

动作过程：右脚向后撤步成左虚步；同时，左手向前穿出，指尖向前，掌心向右；右手收至左臂内侧，指尖向前，掌心向左；目视前方。

动作要点：动作协调一致；力达指尖。

虚步 014
传统术语：手挥琵琶（武式）。
现代术语：手挥琵琶。
源流：武式太极拳体系。
技法：合。

动作过程：左腿屈膝提起向前落步成左虚步；同时，双手向前内合，左掌掌心向右，右手合于左臂下方，掌心斜向下；目视前方。
动作要点：动作协调一致；力达掌根。

虚步 015

传统术语：肘底捶（陈式）。

现代术语：肘底捶。

源流：陈式太极拳体系。

技法：冲。

动作过程：右脚跟至左脚内侧成虚步；同时，右手向上、向右、向下、向左，左手向下、向左、向上划弧至胸前相合，左手屈臂变掌，掌心向右，右手变拳置于左肘下方，拳眼向上；目视前方。

动作要点：动作连贯，上下相随，协调一致；力达掌根。

虚步 016

传统术语：肘底看捶（杨式）。

现代术语：肘底看捶。

源流：杨式八十五式太极拳第十六式。

技法：劈。

动作过程：右脚向后撤步成左虚步；同时，右掌向左划弧变拳收至左臂内侧，拳眼向上；左掌向左划弧平抹经右臂内侧向前劈出，掌心向右，指尖向上；目视前方。

动作要点：身体左右转动协调一致；力达掌根。

虚步 017

传统术语：肘底看捶（吴式）。

现代术语：肘底看捶。

源流：吴式八十四式太极拳第十五式。

技法：冲。

动作过程：右脚向后撤步成左虚步；同时，左手向左、向下划弧变拳经右腕上方冲出，拳面斜向上；右掌由后向前、向左、向下划弧变拳收至左臂内侧，拳眼向内；目视前方。

动作要点：上下肢动作协调一致；力达拳面。

虚步 018

传统术语：肘下看捶（孙式）。

现代术语：肘下看捶。

源流：孙式九十七式太极拳第二十二式。

技法：劈。

动作过程：（1）右脚跟至左脚内侧；同时，左手置于身体前方，指尖向上，掌心向右；右手变拳向下、向左划弧至左臂内侧，拳眼向上；目视左手。

（2）右脚向后撤步成左虚步；同时，左手微下移，指尖向前，掌心向右；右手不动；目视前方。

动作要点：动作连贯，上下相随，协调一致；力达掌根。

虚步 019
传统术语：肘底看捶（武式）。
现代术语：肘底看捶。
源流：武式太极拳体系。
技法：劈。

动作过程：右腿屈膝提起向前落步成右虚步；同时，双手握拳向外划弧，左拳置于右臂内侧，拳眼向内，右拳置于胸前，拳眼向右；目视前方。

动作要点：动作连贯，上下相随，协调一致；力达拳背。

虚步 020

传统术语：前招（陈式）。

现代术语：前招。

源流：陈式一路八十三式太极拳第四十八式。

技法：挒。

动作过程：左腿屈膝提起向左前方落步成左虚步；同时，右手向左、向上、向右划弧至右额上方，指尖斜向上，掌心向外；左手向左、向前划弧合至左膝上方，指尖斜向下，掌心向右；目视左手方向。

动作要点：动作协调一致；力达掌根。

虚步 021

传统术语：后招（陈式）。

现代术语：后招。

源流：陈式一路八十三式太极拳第四十九式。

技法：挒。

动作过程：左脚提起向左前方落步，随即右腿屈膝提起向右前方落步成右虚步；同时，左手向右、向上、向左划弧至左额上方，指尖斜向上，掌心向外；右手向左、向右、向下、向左划弧合至右膝上方，指尖斜向下，掌心向左；目视右手。

动作要点：动作协调一致；力达掌根。

虚步 022

传统术语：双推手（陈式）。

现代术语：双推手。

源流：陈式一路八十三式太极拳第十九式。

技法：按。

动作过程：右脚向前落步，左脚跟至右脚内侧成虚步；同时，双手外展经耳侧向前立掌平推，指尖向上，掌心斜相对；目视前方。

动作要点：动作协调一致；力达掌根。

虚步 023

传统术语：六封四闭（陈式）。

现代术语：六封四闭。

源流：陈式太极拳体系。

技法：按。

动作过程：左脚收至右脚内侧成虚步；同时，双手外展经耳侧推至腹前，掌心斜向下；目视右手。

动作要点：动作连贯，上下相随，协调一致；力达掌根。

虚步 024

传统术语：三换掌（陈式）。

现代术语：三换掌。

源流：陈式太极拳体系。

技法：合。

动作过程：虚步站立。右手上下翻转收至胸前，掌心向上；左手上下翻转横掌推出，掌心向下；目视前方。

动作要点：动作连贯，上下相随，协调一致；力达掌根。

虚步 025

传统术语：提手上势（杨式）。

现代术语：提手上势。

源流：杨式八十五式太极拳第五式。

技法：合。

动作过程：右脚屈膝提起向前落步成右虚步；同时，双手合于胸前向前推出，右手指尖向上，掌心向左，左手指尖斜向前上，掌心斜向右；目视前方。

动作要点：动作协调一致；力达掌根。

虚步 026

传统术语：*海底针（杨式）。*
现代术语：*海底针。*
源流：*杨式八十五式太极拳第二十二式。*
技法：*插。*

动作过程：右脚向后撤步，左腿屈膝提起向前落步成左虚步；同时，右手提至右耳侧后向下插掌，掌心向左，指尖向前下方；左手向右划弧搂至左膝外侧，掌心向下，指尖向前；目视前下方。

动作要点：动作协调一致；力达指尖。

虚步 027

传统术语：海底针（吴式）。

现代术语：海底针。

源流：吴式八十四式太极拳第二十一式。

技法：插。

动作过程：左腿屈膝提起落步成左虚步；同时，右手提至右耳侧后向下插掌，指尖向下，掌心向左；左手向前划弧屈臂向上收至右耳侧，指尖向上，掌心向右；目视右手。

动作要点：动作协调一致；力达指尖。

虚步 028

传统术语：阴阳合一（孙式）。

现代术语：阴阳合一。

源流：孙式九十七式太极拳第九十六式。

技法：掤。

动作过程：右脚向后撤步成左虚步；同时，双拳合于胸前，交叉向外翻转，拳面斜向上；目视前方。

动作要点：动作连贯，上下要协调一致；力达拳心。

虚步 029

传统术语：虚步按掌（四十二式）。

现代术语：虚步压掌。

源流：四十二式太极拳竞赛套路第三十式。

技法：按。

动作过程：右腿屈膝提起落步成右虚步；同时，左手由上向下按至右膝上方，指尖向右，掌心向下；右手由左向右划弧按至右胯外侧，指尖向前，掌心向下；目视前下方。

动作要点：上下相随，协调一致；力达掌根。

1.5 歇步

歇步 001

传统术语：歇步擒打（四十二式）。

现代术语：歇步擒打。

源流：四十二式太极拳竞赛套路第三十四式。

技法：採、按、冲。

动作过程： 右脚向左前方盖步成歇步；同时，左掌变拳收于腹前，拳眼向内；右掌变拳向前下方冲出，拳面向前；目视前下方。

动作要点： 上下协调一致；力达拳面。

1.6 独立步

独立步 001

传统术语：提收（陈式）。

现代术语：提收。

源流：陈式一路八十三式太极拳第九、第十二式。

技法：插。

动作过程： 左腿屈膝提起成独立步；同时，双手经胸前向前插出，左手置于左膝前，右手置于左臂内侧，双掌掌心向下；目视前方。

动作要点： 动作协调一致；力达指尖。

独立步 002

传统术语：海底翻花（陈式）。

现代术语：海底翻花。

源流：陈式二路七十一式太极拳第三十式。

技法：崩。

动作过程：左腿屈膝提起成独立步；同时，左拳向右、向上、向左划弧至左膝外侧，拳眼向外；右拳向下、向右、向上划弧至头部右侧，拳面向上；目视前方。

动作要点：提膝、举臂、下压协调一致；力达拳面。

独立步 003

传统术语：白猿献果（陈式）。

现代术语：白猿献果。

源流：陈式一路八十三式太极拳第七十四式。

技法：冲。

动作过程：右腿屈膝提起成独立步；同时，左手变拳收于左腰侧，拳眼向左；右拳冲至右肩前，拳眼向右；目视前方。

动作要点：动作协调、连贯；力达拳面。

独立步 004

传统术语：金鸡独立（陈式）。

现代术语：金鸡独立。

源流：陈式五十六式竞赛套路第三十七式。

技法：採、推。

动作过程：右腿屈膝提起成独立步；同时，左手按至左胯旁，掌心向下；右手上穿至右额上方，掌心斜向上；目视前方。

动作要点：上穿、下按协调一致；力达掌根。

独立步 005

传统术语：金鸡独立（杨式）。

现代术语：金鸡独立。

源流：杨式八十五式太极拳第八十式。

技法：採、挑。

动作过程：左腿屈膝提起成独立步；同时，左手向上挑至体前，指尖向上，掌心向右；右手按于右胯外侧，指尖向前，掌心向下；目视前方。

动作要点：上体自然中正；力达掌根。

独立步 006

传统术语：金鸡独立（吴式）。

现代术语：金鸡独立。

源流：吴式八十四式太极拳第七十七式。

技法：採、推。

动作过程：右腿屈膝提起成独立步；同时，右手上举至额前上方，掌心斜向上，指尖向左；左手按至腹前，掌心向下，指尖向右；目视前方。

动作要点：上体保持直立；力达掌根。

独立步 007

传统术语：金鸡独立（孙式）。

现代术语：金鸡独立。

源流：孙式九十七式太极拳第九十三式。

技法：採、挑。

动作过程：左腿屈膝提起成独立步；同时，左手上挑至耳侧，指尖斜向后，掌心向内；右手落至右胯外侧，指尖向下，掌心向内；目视前方。

动作要点：上体保持直立，动作协调连贯；力达指尖。

独立步 008

传统术语：更鸡独立（武式）。

现代术语：更鸡独立。

源流：武式九十六式太极拳第六十五式。

技法：採、托。

动作过程： 左腿屈膝提起成独立步；同时，左手向上托举至体前，掌心向上，指尖向左；右手下按至右胯外侧，掌心向下，指尖向前；目视前方。

动作要点： 左手上撩成托掌；力达掌根。

独立步 009

传统术语：退步跨虎（吴式）。

现代术语：退步跨虎。

源流：吴式八十四式太极拳第七十五式。

技法：刁、推。

动作过程：左腿屈膝提起成独立步；同时，右手经右耳侧向前推出，指尖斜向上；左手提至身体左侧成勾手，勾尖向下；目视右手。

动作要点：动作协调一致；力达掌根。

独立步 010

传统术语：退步跨虎（四十二式）。

现代术语：退步跨虎。

源流：四十二式太极拳竞赛套路第三十七式。

技法：刁、挑。

动作过程：左腿屈膝提起成独立步；同时，右手向上挑起，掌心向前，指尖向上；左手提至身体左侧成勾手，勾尖向下；目视前方。

动作要点：动作协调一致；力达掌根。

独立步 011

传统术语：独立打虎（吴式）。

现代术语：独立打虎。

源流：吴式八十四式太极拳第三十六式。

技法：冲。

动作过程： 左腿屈膝提起成独立步；同时，双手捋至左膝上方，右手变拳架于右额上方，左手变拳置于右胸前，双拳拳眼相对；目视左前方。

动作要点： 上下相随，协调一致；力达拳面。

独立步 012

传统术语：独立打虎（四十二式）。

现代术语：独立打虎。

源流：四十二式太极拳竞赛套路第二十式。

技法：冲。

动作过程：右腿屈膝提起成独立步；同时，左手变拳架至左额上方；右手变拳收于左胸前，双拳拳眼相对；目视右前方。

动作要点：上下相随，协调一致；力达拳面。

独立步 013

传统术语：独立托掌（四十二式）。

现代术语：独立托掌。

源流：四十二式太极拳竞赛套路第三十一式。

技法：托。

动作过程：右腿屈膝提起成独立步；同时，右手上托至体前，掌心向上，指尖向前；左手向左、向上划弧撑至身体左侧，掌心向外，指尖斜向上；目视前方。

动作要点：上体自然直立；力达掌根。

1.7 偏马步

偏马步 001
传统术语：中盘（陈式）。
现代术语：中盘。
源流：陈式一路八十三式太极拳第二十四式。
技法：按。

动作过程：右脚以脚跟内侧向右贴地铲出成偏马步；同时，右手向右、向下、向左，左手向左、向上、向右划弧相合，随即左手按至左膝上方，掌心向下，指尖向前，右手成刁手提至右额斜前方，指尖斜向下；目视前方。

动作要点：动作协调一致；力达掌根。

偏马步 002

传统术语：背折靠（陈式）。

现代术语：背折靠。

源流：陈式一路八十三式太极拳第十七式。

技法：靠。

动作过程：右脚提起向右横落成偏马步；同时，屈右肘右拳上举至右额旁，拳眼向内；左拳拳面紧贴左腰侧；目视左脚。

动作要点：动作协调一致；力达肘尖。

偏马步 003

传统术语：贴身靠（陈式）。

现代术语：贴身靠。

源流：陈式太极拳推手发力。

技法：靠。

动作过程：右脚提起向右前方落步成偏马步；同时，左手由外向内划弧收至胸前，指尖斜向上；右手向右划弧至右腿外侧，转腰靠击，指尖向下；目视右前方。

动作要点：上下协调一致；力达肩部。

偏马步 004

传统术语：懒扎衣（陈式）。

现代术语：揽扎衣。

源流：陈式一路八十三式太极拳第三式。

技法：掤、捋、採、挒、按。

动作过程：（1）右脚以脚跟内侧向右贴地铲出；同时，右手向左、向上，左手向右、向下划弧交叉合于胸前，右手在外，掌心斜向上，左手在内，掌心向右；目视右侧。

（2）重心右移成偏马步；同时，右手向右划弧至右前方，塌腕立掌，掌心向前；左手落至腹前，掌心向上；目视右手。

动作要点： 动作协调一致；力达掌根。

偏马步 005

传统术语：青龙出水（陈式）。

现代术语：青龙出水。

源流：陈式一路八十三式太极拳第十八式。

技法：挒。

动作过程：（1）右脚提起向右前方落步；同时，右拳向下、向右、向前划弧至右膝上方，拳面斜向下；左拳向右、向下、向左划弧置于左腹前，拳面向前；目视右拳。

（2）身体右转；同时，左拳变掌，拇指、食指伸展，其余三指微屈，向右前下方弹出，掌心斜向下；右拳收至左上臂内侧，拳眼斜向上；目视左手。

（3）重心前移成偏马步；同时，右拳向右前下方发出，拳眼斜向内；左手收至左腹前，掌心向内；目视右拳。

动作要点：发劲转腰沉胯；力达拳轮。

偏马步 006

传统术语：护心捶（陈式）。

现代术语：护心捶。

源流：陈式一路八十三式太极拳第三十九式。

技法：掤。

动作过程：右脚提起横落成偏马步；同时，右手向左、向下、向右划弧变拳经胸前向前掤出，拳眼斜向上；左手变拳收至右肋前，拳眼斜向上；目视前方。

动作要点：双臂在胸前缠绕协调一致；力达拳面。

偏马步 007

传统术语：护心捶（陈式）。

现代术语：护心捶。

源流：陈式新架二路太极拳第七式。

技法：掤。

动作过程：右脚蹬地跃起，左脚落步，右脚向右横落成偏马步；同时，右手向左、向下、向右划弧变拳经胸前向前掤出，拳面向上；左手变拳收至右肋前，拳眼向上；目视前方。

动作要点：双臂在胸前缠绕协调一致；力达拳面。

偏马步 008
传统术语：劈架子（陈式）。
现代术语：劈架子。
源流：陈式二路七十一式太极拳第三十八式。
技法：崩。

动作过程：右脚震脚落地，左脚向左前方落步成偏马步；同时，左拳向上、向左、向下，右拳向下、向右、向上划弧合于胸前，随即变掌向两侧发劲，左手掌心向上，右手掌心向下；目视左前方。

动作要点：上下相随，协调一致；力达前臂外侧。

偏马步 009

传统术语：当头炮（陈式）。

现代术语：当头炮。

源流：陈式一路八十三式太极拳第八十一式。

技法：冲。

动作过程：左脚向后撤步，成偏马步；同时，双手向下、向左划弧，随即变拳向前掤击，右拳与肩同高，拳眼向上，左拳在右前臂下方，拳眼向上；目视前方。

动作要点：掤击迅速；力达拳面。

偏马步 010

传统术语：搬拦捶（陈式）。

现代术语：搬拦捶。

源流：陈式二路七十一式太极拳第六式。

技法：横击。

动作过程：（1）左脚以脚跟内侧向左贴地铲出成偏马步；同时，双手向下、向右划弧摆至右胯外侧，翻腕变拳向左横击发出，右拳拳心向上，左拳拳心向下；目视左拳。

（2）重心移至右腿；同时，双拳上下翻腕向右横击发出，右拳拳心向上，左拳拳心向下；目视右拳。

动作要点：左、右横击抖发协调一致；力达拳面。

偏马步 011

传统术语：斜形拗步（陈式）。

现代术语：斜形拗步。

源流：陈式一路八十三式太极拳第八式。

技法：搂、推、按。

动作过程：（1）左脚以脚跟内侧向左贴地铲出；同时，右手向右、向下划弧置于右胯外侧，指尖向前，掌心向下；左手向前推出，指尖向上，掌心向右；目视前方。

（2）重心左移成左偏马步；同时，左手向右、向下、向左划弧于左胸前成勾手后至身体左侧，勾尖向下；右手屈肘至右耳侧后向左划弧平展至右胸前，指尖向上，掌心斜向前；目视右前方。

动作要点：松肩、沉腕与转腰、合胯下沉一致；力达掌根。

偏马步 012

传统术语：单鞭（陈式）。

现代术语：单鞭。

源流：陈式一路八十三式太极拳第五式。

技法：按。

动作过程：（1）双腿与肩同宽，屈膝半蹲；右手成勾手向右前方上提，勾尖向下；左手收至腹前，掌心向上；目视右手。
（2）左脚以脚跟内侧向左贴地铲出成偏马步；同时，左手划弧平展至身体左侧，指尖向上，掌心向前；右手不变；目视前方。

动作要点：动作协调一致；力达掌根。

偏马步 013

传统术语：马步靠（四十二式）。

现代术语：马步靠。

源流：四十二式太极拳竞赛套路第三十二式。

技法：靠。

动作过程：左腿屈膝提起向左落步成偏马步；同时，左手变拳向左靠出，拳眼向内，拳面向下，置于左膝前；右手托起屈收至左臂内侧，掌心向左；目视前方。

动作要点：上下相随，协调一致；力达前臂外侧。

1.8 平行步

平行步 001
传统术语：起势（四十二式）。
现代术语：起势。
源流：太极拳基本技术。
技法：提、按。

动作过程： 左脚向左开步，双腿屈膝成平行步；双手平举至与肩同高，随即下按落于腹前，指尖向前，掌心向下；目视前方。
动作要点： 上下相随，协调一致；力达掌根。

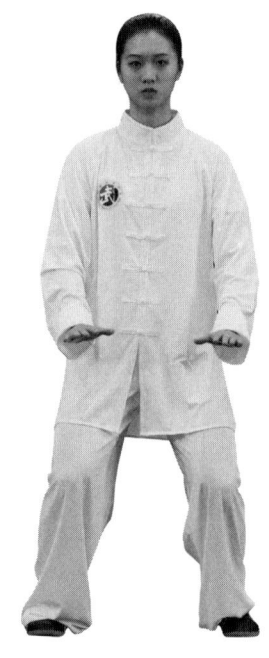

平行步 002

传统术语：收势（四十二式）。

现代术语：收势。

源流：太极拳基本技术。

技法：按。

动作过程：左脚收至右脚内侧，双脚并拢直立；双掌下落至双腿外侧，指尖向下；目视前方。

动作要点：上下相随，协调一致；力达掌根。

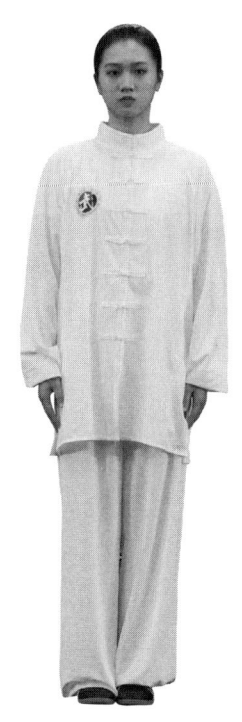

平行步 003

传统术语：井揽直入（陈式）。

现代术语：井揽直入。

源流：陈式二路七十一式太极拳第六十八式。

技法：按。

动作过程：左腿提起向左落步成平行步；同时，双手握拳，右拳向上、向右、向下，左拳向下、向左、向上划弧合至胸前，随即左手变掌下按至左大腿外侧，掌心向下，右手变掌向上顶肘至右耳外侧，掌心向下；目视左手。

动作要点：上下相随，协调一致；力达掌根。

平行步 004

传统术语：金刚捣碓（陈式）。

现代术语：金刚捣碓。

源流：陈式一路八十三式太极拳第二式。

技法：撩、冲。

动作过程：（1）右脚提起向前落步成右虚步；同时，右手划弧前撩至右腹前，掌心斜向上，指尖斜向下；左手划弧合至右前臂上，掌心向下；目视右手。

（2）右腿屈膝提起；同时，右手变拳冲至鼻前，拳面向上；左手翻掌至腹前，掌心向上；目视前方。

（3）右脚向左脚内侧震脚成平行步；同时，左手不变；右拳砸至左掌心上，拳眼向前；目视前方。

动作要点： 屈膝松胯，气沉丹田；力达拳面。

平行步 005

传统术语：十字手（杨式）。

现代术语：十字手。

源流：杨式四十式竞赛套路第三十九式。

技法：掤。

动作过程：双腿直立成平行步；双手划弧交叉掤至胸前，掌心向内；目视前方。

动作要点：身体自然直立，沉肩垂肘。

平行步 006

传统术语：提手上势（吴式）。

现代术语：提手上势。

源流：吴式八十四式太极拳第五式。

技法：採、按。

动作过程：双腿直立成平行步；右勾手经右胯外侧划弧提起，举至右额上方变掌，掌心斜向上；左手经右胯外侧划弧按至腹前，掌心向下，指尖向右；目视前方。

动作要点：身体中正安舒；动作协调一致；力达掌根。

平行步 007

传统术语：白鹤亮翅（吴式）。

现代术语：白鹤亮翅。

源流：吴式八十四式太极拳第六式。

技法：採。

动作过程：双腿直立成平行步；右手上举至右额上方，掌心向前；左手经左膝外侧直臂上举至左额上方，掌心向前；目视前方。

动作要点：双膝不得内扣或外展；力达指尖。

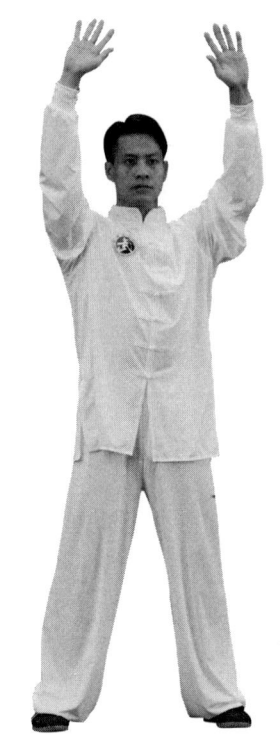

平行步 008
传统术语：手挥琵琶（吴式）。
现代术语：手挥琵琶。
源流：吴式八十四式太极拳第八式。
技法：穿、按。

动作过程：右脚收至左脚内侧成平行步；同时，双手合至右腹前，掌心相对，随即左手翻转穿至左前方，掌心斜向上；右手落至腹前，掌心向下；目视前方。
动作要点：上下协调一致，动作连贯完成；力达指尖。

1.9 横开步

横开步 001

传统术语：披身捶（陈式）。

现代术语：披身捶。

源流：陈式一路八十三式太极拳第十六式。

技法：採。

动作过程：左脚提起向左横落成横开步；同时，左拳向前、向下、向左划弧至左腰外侧，拳眼向内；右拳向右、向上、向左划弧至右肩前，拳眼向右；目视前方。

动作要点：重心转换协调一致；力达前臂内侧。

横开步 002

传统术语：斜飞式（吴式）。

现代术语：斜飞式。

源流：吴式八十四式太极拳第十七式。

技法：採、按。

动作过程：左脚提起向左横落成横开步；同时，左手向右下方划弧至右膝外侧，随即向左上方分举至身体左侧，掌心斜向上；右手收至左肩前，随即向右下方分展至右胯外侧，掌心向下；目视右手。

动作要点：松腰沉胯；力达掌根。

横开步 003

传统术语：斜飞式（四十二式）。

现代术语：斜飞式。

源流：四十二式太极拳竞赛套路第二十六式。

技法：採、按。

动作过程：右脚提起向右横落成横开步；同时，右手向下、向左，左手向上、向右划弧合至胸前，随即右手分举至身体右侧，掌心斜向上，左手按至左胯外侧，掌心向下；目视左手。

动作要点：上下相随，协调一致；力达掌根。

横开步 004

传统术语：单鞭（孙式）。

现代术语：单鞭。

源流：孙式九十七式太极拳第五式。

技法：推、按。

动作过程：右腿提起向右横落成横开步；同时，双手合于胸前，随即分别向身体两侧分开，腕与肩同高，指尖向上，掌心向外；目视右手。

动作要点：上下相随，协调一致；力达掌根。

1.10 丁步

丁步 001
传统术语：提手上势（孙式）。
现代术语：提手上势。
源流：孙式九十七式太极拳第六式。
技法：合。

动作过程：右脚收至左脚内侧成丁步；同时，左手举至额前，指尖向右，掌心向前；右手向下、向左划弧至小腹前，指尖向下，掌心向右；目视前方。
动作要点：动作连贯，协调一致；力达掌背。

2 步法

2.1 进步

进步 001
传统术语：左右二肱（陈式）。
现代术语：左右二肱。
源流：陈式太极拳体系。
技法：冲。

动作过程：（1）左脚向前进步；同时，左拳向前搬出，拳眼向上；右拳收至右肋侧，拳心向上；目视前方。
（2）右脚向前进步；同时，右拳向前冲出，拳面向前；左拳向后屈肘收至左肋侧，拳心向上；目视前方。
（3）左脚向前进步；同时，左拳、右拳、左拳依次向前冲出，拳面向前，右拳收至右肋侧；目视前方。
动作要点：力达拳面。

进步 002

传统术语：进步拗拦肘（陈式）。

现代术语：进步拗拦肘。

源流：陈式太极拳体系。

技法：肘。

动作过程：（1）右脚提起向前进步；同时，右手向前推出，掌心向前，指尖向上；左手收至左腹前，掌心向上，指尖向前。

（2）左脚、右脚依次进步转身；同时，左手由内向外划弧至体前，指尖向前；右手由外向内划弧变拳向左掌心击肘，肘尖向前；目视前方。

动作要点： 动作协调一致；力达肘部。

2.2 退步

退步 001
传统术语：闪通背（陈式）。
现代术语：闪通背。
源流：陈式一路八十三式太极拳第六十六式。
技法：扫、按。

动作过程：右脚贴地向后扫至左脚后方；同时，左手向上、向右划弧至左耳侧，随即向下按出，指尖斜向上，掌心斜向右；右手向前、向右、向下划弧至右腹前，指尖向左，掌心向下；目视左掌。
动作要点：动作协调一致；力达掌根。

退步 002

传统术语：兽头势（陈式）。

现代术语：兽头势。

源流：陈式二路七十一式太极拳第三十七式。

技法：崩。

动作过程：右脚、左脚依次退步；同时，左拳、右拳向前连击崩出，拳眼向上，左拳收至左腹前；目视前方。

动作要点：上下相随，协调一致；力达拳面。

退步 003

传统术语：退步压肘（陈式）。

现代术语：退步压肘。

源流：陈式太极拳竞赛套路第三十九式。

技法：肘。

动作过程：（1）右脚、左脚依次退步；同时，右手翻转向下推出后收至右腰侧，掌心向内；左手翻转至左腰侧后屈肘转腰下压，掌心向外；目视后方。

（2）右脚提起向后撤步；同时，右手向前划弧变拳回抽，拳眼向上；左手由外向内划弧再向前推出，拇指和食指伸直，其余三指弯曲；目视左前方。

动作要点：上下相随，协调一致；力达肘尖。

退步 004

传统术语：退步压肘（陈式）。

现代术语：退步压肘。

源流：陈式太极拳体系。

技法：肘。

动作过程：（1）双手划弧至胸前翻转，右手掌心向上，左手附于右上臂内侧。

（2）右脚向后擦地退步；同时，左手向前下方横推，掌心向下；右臂屈肘回抽至右肋侧，掌心向上；目视左掌。

动作要点：上下相随，协调一致；力达肘尖。

退步 005

传统术语：退步压肘（第三套）。

现代术语：退步压肘。

源流：陈式太极拳体系。

技法：肘。

动作过程：（1）双腿与肩同宽，屈膝半蹲；双手屈臂翻转，右肘向前横击，肘尖向前，左手收至腹前，掌心向上；目视前方。

（2）右脚向后擦地退步；同时，左手向前下方横推，掌心向下；右臂屈肘回抽至右肋侧，掌心向上；目视前方。

动作要点：顶肘发力协调一致；力达肘尖。

退步 006

传统术语：倒卷肱（陈式）。

现代术语：倒卷肱。

源流：陈式一路八十三式太极拳第二十二式。

技法：採、推。

动作过程：（1）右脚向后退步；同时，双手向外平展，左手经左耳侧向前推出，掌心向前，指尖向上，右手落于右胯外侧，掌心向下，指尖向前；目视前方。

（2）与（1）动作相同，唯左、右方向相反。

动作要点：动作协调一致；力达掌根。

退步 007

传统术语：倒卷肱（杨式）。

现代术语：倒卷肱。

源流：杨式八十五式太极拳第十七式。

技法：採、推。

动作过程：（1）右腿屈膝提起向后退步；同时，左手经耳侧向前推出，掌心向前，指尖向上；右手落至腹前，掌心向上，指尖向前；目视前方。

（2）与（1）动作相同，唯左、右方向相反。

动作要点：动作协调一致；力达掌根。

2.3 上步

上步 001

传统术语：前蹚拗步（陈式）。

现代术语：前趟。

源流：陈式一路八十三式太极拳第十式。

技法：推。

动作过程：（1）左腿屈膝提起向左前方上步；同时，左手屈肘横于胸前，掌心向内；右手向右、向上划弧至左前臂内侧，掌心向左；目视前方。

（2）右腿屈膝提起，以脚跟内侧向右贴地铲出；同时，双腕交叉翻转，向两侧平展，腕同肩高，掌心向外；目视前方。

动作要点：上下相随，协调一致；力达掌根。

上步 002

传统术语：倒骑麟（陈式）。

现代术语：倒骑麟。

源流：陈式二路七十一式太极拳第二十六式。

技法：推。

动作过程：右脚提起向前上步，左脚跟步；同时，右掌置于胸前，左掌置于右前臂内侧，向前推掌，掌心均向外；目视前方。上述动作重复两次。

动作要点：上下相随、协调一致；力达掌根。

2.4 跟步

跟步 001
传统术语：白蛇吐芯（陈式）。
现代术语：白蛇吐芯。
源流：陈式新架二路。
技法：插。

动作过程：左脚向前上步，右脚跟步；同时，左手向下、向左划弧至左胯旁，指尖向前，掌心向下；右手向前插出，指尖向前，掌心向上；目视前方。
动作要点：身体自然直立；动作协调一致；力达指尖。

跟步 002

传统术语：连珠炮（陈式）。

现代术语：连珠炮。

源流：陈式二路七十一式太极拳第二十三式。

技法：推。

动作过程：（1）左脚提起向左落步成虚步；同时，左手托至左肩前，指尖向前，掌心向上；右手成刁手提至右肩前，指尖斜向下；目视前方。

（2）左脚落步，右脚跟步；同时，双手经耳侧收于胸前，向左前方推出，掌心均向外；目视左前方。

重复（1）（2）各一次。

动作要点：动作协调一致；力达掌根。

跟步003

传统术语：懒扎衣（孙式）。

现代术语：揽扎衣。

源流：孙式九十七式太极拳第八十六式。

技法：捋、挤、掤、按。

动作过程：（1）左脚后撤，右脚收至左脚前；同时，双手下捋至腹前，指尖向前；目视前方。

（2）右脚上步，左脚跟至右脚后；同时，右手翻掌向前穿出，掌心向上；左手附于右腕处，掌心向下；目视前方。

（3）左脚后撤，重心移至左腿；同时，右手向右划弧至胸前，掌心向前；左手附于右腕处，掌心斜向下；目视前方。

（4）重心前移，左脚跟至右脚后；同时，右手向前推出，掌心向前；左手附于右腕处，掌心向下；目视前方。

动作要点：动作连贯；力达掌根。

跟步 004

传统术语：进步搬拦捶（孙式）。

现代术语：进步搬拦捶。

源流：孙式九十七式太极拳第十二式。

技法：穿、冲。

动作过程：（1）左脚、右脚、左脚依次进步；同时，右手、左手依次向前穿出，掌心相对；目视前方。

（2）右脚跟至左脚后；同时，左手握拳屈臂至胸前，拳眼向内；右手变拳向前冲出，拳眼向上；目视前方。

动作要点：上下协调一致；力达拳面。

跟步 005

传统术语：进步指裆捶（孙式）。

现代术语：进步指裆捶。

源流：孙式九十七式太极拳第八十五式。

技法：冲。

动作过程：右脚、左脚、右脚依次进步，左脚随即跟至右脚后；同时，双手分别向两侧划弧后收至腰间，随即右手变拳向前下方冲出，拳眼向上，左掌附于右前臂内侧，指尖斜向上；目视前下方。

动作要点：上下协调一致；力达拳面。

跟步006

传统术语：搂膝拗步（孙式）。

现代术语：搂膝拗步。

源流：孙式九十七式太极拳第十式。

技法：搂、推。

动作过程：（1）左腿屈膝提起向前落步；同时，左手按至腹前，掌心向下；右手向右上方插掌，掌心向上；目视右手。

（2）重心前移，右脚跟至左脚后；同时，左手搂至左胯外侧，指尖向前，掌心向下；右手向前平推，指尖向上，掌心向前；目视前方。

动作要点：动作协调一致；力达掌根。

跟步 007

传统术语：双撞捶（孙式）。

现代术语：双撞捶。

源流：孙式九十七式太极拳第八十四式。

技法：冲。

动作过程：（1）双腿屈膝半蹲；同时，双手向左前方穿出，指尖向前，掌心向上。

（2）左腿提起向左前方落步，右脚跟至左脚后；同时，双手变拳收至腹前后向前冲出，拳眼相对；目视两拳。

动作要点：上下协调一致；力达拳面。

跟步 008

传统术语：双撞捶（武式）。

现代术语：双撞捶。

源流：武式太极拳竞赛套路第四十五式。

技法：冲。

动作过程：左腿屈膝提起向左前方落步，右脚跟至左脚后；同时，左手向左前方划弧平抹，随即双手向后下捋收至胯旁后变拳冲出，拳眼向上；目视前方。

动作要点：上下协调一致；力达拳面。

跟步 009

传统术语：倒撵猴（孙式）。

现代术语：倒撵猴。

源流：孙式九十七式太极拳第二十三式。

技法：採、推。

动作过程：（1）左脚收至右脚内侧；同时，左手按至腹前，掌心向下；右手翻掌向右上方插掌，掌心向上；目视右手。

（2）左脚提起向左前方落步，右脚跟至左脚后；同时，左手搂至左胯外侧，掌心向下；右手向前推出，指尖向上，掌心向前；目视前方。

（3）与（1）（2）动作相同，唯左、右方向相反。

动作要点：动作协调连贯；力达掌根。

跟步 010

传统术语：倒撵猴（武式）。

现代术语：倒撵猴。

源流：武式九十六式太极拳第六十六式。

技法：採、推。

动作过程：（1）左腿屈膝提起向左前方落步成左弓步，右脚随即跟至左脚后；同时，右手上提至耳侧后向前推出，指尖向上，掌心向左；左手经腹前搂至左膝外侧，掌心向下；目视前方。

（2）与（1）动作相同，唯左、右方向相反。

动作要点：动作协调一致；力达掌根。

跟步 011

传统术语：玉女穿梭（孙式）。

现代术语：玉女穿梭。

源流：孙式九十七式太极拳第六十二式。

技法：合、架、推。

动作过程：（1）右脚提起向前落步；同时，双手合于胸前，左手掌心向上，右手附于左前臂内侧，掌心向下；目视前方。

（2）左脚提起向左前方落步，右脚跟至左脚后；同时，左手划弧至额前，掌心向外；右手推至左胸前，掌心向左；目视前方。

（3）与（1）（2）动作相同，唯左、右方向相反。

（4）动作与（1）（2）动作相同。

（5）左脚提起向前落步；同时，双手合于胸前，右手掌心向上，左手附于右前臂内侧，掌心向下；目视前方。

（6）右脚提起向前落步，左脚跟至右脚后；同时，右手划弧至额前，掌心向外；左手向前推出，掌心向前；目视前方。

动作要点：虚实变换灵活；力达掌根。

跟步 012

传统术语：玉女穿梭（武式）。

现代术语：玉女穿梭。

源流：武式九十六式太极拳第五十七式。

技法：架、推。

动作过程：（1）左腿屈膝提起向左前方落步成左弓步，右脚随即跟至左脚后；同时，左手向外划弧至左额上方，指尖向右，掌心向外；右手由右肋侧推至胸前，指尖向上，掌心向左；目视前方。

（2）与（1）动作相同，唯左、右方向相反。

（3）与（1）动作相同。

（4）与（1）动作相同，唯左、右方向相反。

动作要点：上下协调一致；力达掌根。

跟步 013

传统术语：白鹤亮翅（武式）。

现代术语：白鹤亮翅。

源流：武式九十六式太极拳第六式。

技法：掤、捋、挤、按。

动作过程：右腿屈膝提起向右前方落步，左脚跟至右脚后；同时，右手向右上方划弧至右额前上方，掌心向外；左手下落至左胯外侧，掌心向下；目视前方。

动作要点：动作连贯；力达掌根。

跟步 014

传统术语：对心掌（武式）。

现代术语：对心掌。

源流：武式九十六式太极拳第八十四式。

技法：採、合。

动作过程：（1）左腿屈膝提起向前落步成左弓步；同时，左手抬至左额上方，指尖向右；右手由右肋侧推至胸前，指尖向上；目视前方。

（2）重心前移，右脚跟至左脚后；同时，双手交叉下落至腹前后划弧向前推出，掌心向前；目视前方。

动作要点：上下协调一致；力达掌根。

跟步 015

传统术语：云手（武式）。

现代术语：云手。

源流：武式九十六式太极拳第三十三式。

技法：掤、推。

动作过程：（1）左脚收至右脚内侧；同时，左手经腹前向上翻转云手，指尖向上，掌心向外；右手由右胯外侧划弧至腹前，掌心向上；目视左手。

（2）左脚内扣，右腿屈膝提起向右落步，重心前移成右弓步；同时，右手经腹前向上翻转云手，指尖向上，掌心向左；左手向下、向右划弧至腹前，掌心向上；目视右手。

（3）与（1）动作相同。

（4）与（2）动作相同。

动作要点：开合有致，内外相合；力达掌根。

跟步 016

传统术语：三甬背（武式）。

现代术语：闪通背。

源流：武式九十六式太极拳第三十式。

技法：採、穿。

动作过程：（1）左腿屈膝提起向前落步，重心前移成左弓步；同时，左手由左胯外侧向前穿出，指尖向前，掌心向下；右手先由右胯外侧穿出再向后收至腹前，掌心斜向下。

（2）重心后移；同时，左手收至胸前，指尖向前，掌心向右；右手上提至耳侧，指尖向前，掌心向左。

（3）重心前移成左弓步；同时，双手向前穿出，指尖向前，掌心相对；目视前方。

（4）左脚尖外撇踏实；同时，右手收至胸前，指尖向前，掌心向左；左手上提至耳侧，指尖向前，掌心向右。

（5）右腿屈膝提起向前落步，重心前移成右弓步；同时，双手向前穿出，指尖向前，掌心相对；目视前方。

（6）重心前移，左脚跟至右脚后；同时，双手下落至腹前后划弧向前推出，掌心向前；目视前方。

动作要点：动作连贯平稳；力达掌根。

跟步017

传统术语：如封似闭（武式）。

现代术语：如封似闭。

源流：武式九十六式太极拳第四十九式。

技法：採、合。

动作过程：（1）右脚向后撤步，左脚收至右脚前；同时，双手向前平抹后收至胸前立掌，掌心向前；目视前方。

（2）左脚向前上步，右脚跟至左脚后；同时，双手向外划弧合于胸前，掌心向前；目视前方。

动作要点：上体保持直立；力达掌根。

跟步 018

传统术语：如封似闭（四十二式）。

现代术语：如封似闭。

源流：四十二式太极拳竞赛套路第十式。

技法：按。

动作过程：（1）右脚向后撤步，重心移至右腿；同时，双手向前穿出后收至胸前立掌，掌心斜相对；目视前方。

（2）右脚跟至左脚后；同时，双手下按至腹前后向前、向上推出，掌心向前；目视前方。

动作要点：上下相随，协调一致；力达掌根。

2.5 侧行步

侧行步 001
传统术语：云手（杨式）。
现代术语：云手。
源流：杨式八十五式太极拳第二十八式。
技法：掤、捋。

动作过程：（1）左脚提起向左横落；同时，右手向左、向上、向右经面前划弧至右前方，掌心斜向下，指尖斜向上；左手向下、向右经腹前划弧至右肘内侧，掌心斜向上；目视右侧。

（2）重心左移，右脚收至左脚内侧；同时，左手向右、向上、向左经面前划弧至左前方，掌心向右，指尖向上；右手向左、向下经腹前划弧至左肘内侧，掌心斜向上；目视左前方。

动作要点： 身体转动以腰为轴；力达掌根。

侧行步002

传统术语：云手（吴式）。

现代术语：云手。

源流：吴式八十四式太极拳第二十七式。

技法：掤、捋。

动作过程：（1）左脚提起向左横落；同时，右手向左、向上、向右经面前划弧至右肩前上方，掌心斜向上；左手向下、向右经腹前划弧至左胯外侧，掌心斜向下；目视右手。

（2）左脚外摆，右脚内扣收至左脚内侧；同时，右手翻掌向下、向左经腹前划弧至右胯外侧，掌心斜向下；左手翻掌向右、向上、向左经面前划弧至左肩前上方，掌心斜向上；目视左手。

动作要点：动作协调一致；力达前臂外侧。

侧行步 003

传统术语：云手（孙式）。

现代术语：云手。

源流：孙式九十七式太极拳第三十六式。

技法：掤、捋。

动作过程：（1）左脚提起向左横落；同时，右手向左、向上、向右经面前划弧至右前方，掌心向前，指尖向上；左手向下、向右划弧至腹前，掌心向下；目视右侧方。

（2）重心左移，右脚收至左脚内侧；同时，左手向右、向上、向左经面前划弧至左前方，掌心斜向前，指尖向上；右手向下、向左划弧至腹前，掌心向下；目视左前方。

动作要点：身随手转；力达掌根。

2.6 跳步

跳步 001
传统术语：窝里炮（陈式）。
现代术语：窝里炮。
源流： 陈式二路七十一式太极拳第六十七式。
技法：冲。

动作过程： 双脚向前跳步；同时，右手、左手依次由下向上划弧合至胸前，随即右手变拳向前下方冲出，拳眼向内，拳面向下，左手屈臂顶肘至左腰外侧，指尖斜向下；目视右手。
动作要点： 上下相随，协调一致；力达前臂外侧。

跳步 002

传统术语：转身当头炮（陈式）。

现代术语：转身当头炮。

源流：陈式一路八十一式太极拳第八十一式。

技法：冲。

动作过程：右脚向后落步，转身跳起，左脚、右脚依次落地；同时，双手掌心向下横向随旋转带至前方，随即下捋至腹前变拳向前掤出，拳眼向上；目视前方。

动作要点：发劲掤击；力达拳背。

2.7 踏步

踏步 001
传统术语：斩手（陈式）。
现代术语：斩手。
源流： 陈式二路七十一式太极拳第十五式。
技法：切。

动作过程：右脚向前落步，左脚提起向右脚内侧震脚；同时，右手屈臂翻转至腹前，掌心向上；左手向下切掌，掌心斜向内；目视左手。
动作要点：左脚震脚与左手向下切掌协调一致；力达掌根。

2.8 跳踏步

跳踏步 001

传统术语：双震脚（陈式）。

现代术语：双震脚。

源流：陈式一路八十三式太极拳第五十三式。

技法：按。

动作过程：（1）左脚向后撤步成右虚步；同时，双手由两侧向下划弧合至腹前，右手在前，左手在右肘内侧，掌心均向上；目视右手。

（2）右腿屈膝提起，左脚蹬地跳起，左脚、右脚依次踏地；同时，双手托于胸前后再下按至腹前，右手在前，左手在右臂内侧，掌心均向下；目视前方。

动作要点：双脚依次下落踏地震脚；力达掌根。

跳踏步 002

传统术语：翻花舞袖（陈式）。

现代术语：翻花舞袖。

源流：陈式二路七十一式太极拳第十六式。

技法：劈。

动作过程：右腿屈膝提起，左脚蹬地跳起，右脚、左脚依次落地；同时，右手、左手依次立圆向下劈掌，左手置于身体前方，右手落于腹前，掌心均向下；目视左前方。

动作要点：双脚落地与双掌抢劈协调一致；力达掌根。

跳踏步 003

传统术语：翻花舞袖（陈式）。

现代术语：翻花舞袖。

源流：陈式老架二路太极拳第十二式。

技法：劈。

动作过程：左腿屈膝提起，右脚蹬地跳起，左脚、右脚依次落地；同时，左手、右手依次立圆抡臂变拳向下冲打，右拳置于腹前，左拳置于左胯外侧，拳面均向下；目视前方。

动作要点：翻身下冲拳与双脚踏震步同时完成；力达拳面。

2.9 叉步

叉步 001
传统术语：云手（陈式）。
现代术语：云手。
源流：陈式一路八十三式太极拳第三十一式。
技法：推。

动作过程：（1）左脚提起以脚跟内侧向左贴地铲出；同时，左手向下、向右划弧经腰间推至腹前，指尖斜向下；右手向左、向上、向右划弧经胸口推至右前方，指尖斜向上；目视右手。

（2）重心左移，右脚向左后方插步；同时，右手向下、向左划弧经腰间推至腹前，指尖斜向下；左手向上、向左划弧经胸口推至左前方，指尖斜向上；目视左手。

动作要点：云手与下肢侧行协调一致；力达掌根。

叉步 002

传统术语：斩手（陈式）。

现代术语：斩手。

源流：陈式老架二路太极拳第十一式。

技法：崩。

动作过程：左脚向右后方插步；同时，右手屈臂经右耳侧向下捶打至右膝外侧，拳眼向外；左手提至胸前，拳眼向内；目视右拳。

动作要点：上下相随，协调一致；力达拳面。

2.10 跳插步

跳插步 001

传统术语：玉女穿梭（陈式）。

现代术语：玉女穿梭。

源流：陈式竞赛套路第四十七式。

技法：插、架、推。

动作过程：（1）右脚向前落步；同时，右手向前平伸，掌心向下；左手置于腹前，掌心向下；目视前方。

（2）右脚蹬地跳起，左脚落地，右脚随即向左后方插步；同时，左手立掌向左后方推出，掌心向左后方；右手架于右额前上方，掌心斜向上；目视左手。

动作要点：上下相随，协调一致；力达掌根。

2 步法

3 腿法

3.1 直摆

直摆 001
传统术语：分脚（孙式）。
现代术语：分脚。
源流：孙式七十三式太极拳第三十二式。
技法：踢。

动作过程：左腿直腿向左侧踢起；同时，双手合至胸前后向两侧分开，指尖向上；目视左手。
动作要点：分掌与分脚动作协调一致。

3.2 屈伸

屈伸 001
传统术语：蹬一根（陈式）。
现代术语：蹬一根。
源流：陈式一路八十三式太极拳第三十五式。
技法：蹬。

动作过程：右腿屈膝提起，随即向右蹬出；同时，双掌变拳交叉合于胸前，随即分别向左右发出，拳眼向上；目视右拳。
动作要点：右脚侧踹与双臂分展协调一致；力达脚跟。

屈伸 002

传统术语：分脚（杨式）。

现代术语：分脚。

源流：杨式八十五式太极拳第三十一式。

技法：分、踢。

动作过程：右腿屈膝提起，向右侧分举；同时，双手交叉合于胸前，随即分别向左右两侧划弧分举，掌心均向外，指尖均向上；目视右前方。

动作要点：分掌与分脚动作协调一致。

屈伸 003

传统术语：蹬脚（杨式）。

现代术语：蹬脚。

源流：杨式八十五式太极拳第三十七式。

技法：蹬。

动作过程：右腿屈膝提起向右侧蹬出；同时，双手交叉合于胸前，随即分别向左右两侧划弧分举，掌心均向外，指尖均向上；目视右前方。

动作要点：分掌与蹬腿动作协调一致。

3.3 击响

击响 001
传统术语：旋风脚（陈式）。
现代术语：旋风脚。
源流：陈式一路八十三式太极拳第四十式。
技法：合。

动作过程：身体右转，左脚提起向上、向右脚内侧与左掌相击后下落；同时，双手交叉合于胸前，向两侧横开后落至两胯外侧，掌心均向下；目视前方。
动作要点：上下相随，协调一致。

击响 002

传统术语：擦脚（陈式）。

现代术语：擦脚。

源流：陈式一路八十三式太极拳第三十四式。

技法：踢、拍。

动作过程：（1）右脚向左脚前盖步；同时，右臂屈肘与左前臂叠于胸前，右臂在上，指尖向右，掌心均向下；目视左方。
（2）左脚向前上方踢后落地；同时，双手分掌，左手击拍左脚面后落至左胯外侧，右手落至右胯外侧，掌心均向下；目视前方。

动作要点：左掌击拍左脚面要快速、准确。

3 腿法

击响 003

传统术语：陈式摆莲腿。
现代术语：陈式摆莲腿。
源流：陈式太极拳体系。
技法：摆。

动作过程：右脚向左、向上、向右划弧摆击后落至左脚内侧；同时，双手依次击拍右脚面，左手落至左前方，掌心向前，右手置于左臂内侧，掌心斜向下；目视左手。
动作要点：上下相随，协调一致。

击响 004

传统术语：单拍脚（杨式）。

现代术语：单拍脚。

源流：杨式太极拳竞赛套路二十五式。

技法：弹、踢。

动作过程：（1）左脚向右前方落步；同时，右手向前、向下、向上，左手向左、向上、向下划弧交叉合于胸前，掌心向内；目视前方。

（2）右脚向上摆踢；同时，右手击拍右脚面，掌心斜向前；左手举至身体左侧，掌心斜向前；目视右前方。

动作要点：上下相随，协调一致。

击响 005

传统术语：摆莲腿（杨式）。

现代术语：摆莲腿。

源流：杨式太极拳体系。

技法：摆。

动作过程：右腿屈膝提起向左、向上、向右弧形摆踢；同时，左手、右手由右向左依次拍击右脚面，掌心斜向下；目视双手。

动作要点：上下相随，协调一致。

击响 006

传统术语：十字单摆莲（吴式）。

现代术语：十字单摆莲。

源流：吴式太极拳体系。

技法：弹、踢。

动作过程：左腿屈膝提起向前踢出；同时，右手向前拍击左脚面，掌心向下；左手合于腹前，掌心向上；目视前方。

动作要点：上肢与下肢动作协调一致。

击响 007

传统术语：十字拍脚（孙式）。

现代术语：十字拍脚。

源流：孙式太极拳体系。

技法：弹、踢。

动作过程：（1）右脚收至左脚内侧；同时，双掌交叉合于腹前，掌心向下；目视前方。

（2）右脚向前上方踢出；同时，左手向前击拍右脚面，掌心斜向下；右手举至身体右侧，掌心斜向下；目视前方。

动作要点：上下肢动作协调一致。

击响 008

传统术语：十字摆莲（武式）。

现代术语：十字摆莲。

源流：武式太极拳体系。

技法：摆。

动作过程：左腿屈膝提起向前踢出；同时，右手向前击拍左脚面，掌心向下；左手合于腹前，掌心向上；目视前方。

动作要点：上肢与下肢动作协调一致。

3.4 其他

其他 001

传统术语：跌叉（陈式）。

现代术语：跌叉。

源流：陈式太极拳体系。

技法：铲、冲。

动作过程：（1）右脚向左脚内侧踏地；同时，右拳向前冲拳，拳面向前；左拳向右、向下划弧收于右胸前，拳眼向内；目视右拳。

（2）左脚以脚跟向前贴地铲出；同时，右拳经面前向上、向右划弧举至右额上方，拳面向上；左拳向下前冲，拳面向前；目视前方。

动作要点：上下肢动作协调一致。

4 平衡

屈蹲 001
现代术语：前举腿低势平衡。
源流：太极拳难度动作体系。
技法：单腿屈蹲。

动作过程：一腿支撑屈膝下蹲，另一腿向身体正前方蹬脚；目视前方。
动作要点：下蹲时重心平稳，屈蹲腿低于水平，前举腿略高于水平。

屈蹲 002
现代术语：低势前蹬踩脚平衡。
源流：太极拳难度动作体系。
技法：单腿屈蹲。

动作过程：一腿支撑屈膝下蹲，另一腿向前侧蹬踩脚；目视前下方。
动作要点：下蹲时重心平稳，屈蹲腿低于水平。

屈蹲 003

现代术语：后插腿低势平衡。

源流：太极拳难度动作体系。

技法：单腿屈蹲。

动作过程：一腿支撑，另一腿经支撑腿后方向侧前方插腿；目视插腿方向。

动作要点：下蹲时支撑腿重心平稳，插出腿脚不可触地，支撑腿大腿低于水平，手不可扶按支撑腿。

5 跳跃

5.1 直体

直体 001
传统术语：二起脚。
现代术语：腾空飞脚。
源流：武术基本功技术动作体系。
技法：踢。

动作过程：双脚蹬地跳起，左腿在空中直膝，右脚向上摆踢，右掌拍击右脚面；目视右脚。
动作要点：击响腿伸直，脚尖过肩，击拍准确。

直体 002
现代术语：腾空正踢。
源流：武术基本功技术动作体系。
技法：正踢。

动作过程：右脚向前上步蹬地跳起，在空中向上摆踢，脚尖触及前额或头顶上方。
动作要点：左腿伸直。

5.2 垂转

垂转001

传统术语：旋风脚。

现代术语：旋风脚。

源流：武术基本功技术动作体系。

技法：里合踢。

动作过程： 双脚蹬地向上跳起腾空，身体在空中绕垂直轴沿逆时针方向旋转，右脚在空中里合上踢；同时，左手迎击右脚脚底。

动作要点： 击响脚脚尖过肩，击拍准确。

垂转 002

传统术语：腾空摆莲。

现代术语：腾空摆莲。

源流：武术基本功技术动作体系。

技法：外摆踢。

动作过程：双脚蹬地向上跳起腾空，身体在空中绕垂直轴沿顺时针方向旋转，右脚在空中外摆上踢；同时，左手迎击右脚脚面。

动作要点：击响脚脚尖过肩，击拍准确。